KB202801

전쟁과 종말 1

# 전쟁과 구원,
# 전쟁과 심판

**전쟁과 종말 I**

# 전쟁과 구원,
# 전쟁과 심판

**지은이** 김나사로
**발행일** 2022년 2월 14일

**펴낸이** 최선화
**펴낸곳** 도서출판 등과 빛
**주소** 부산광역시 동구 중앙대로260번길 3-11
**전화** 051-803-0691
**등록번호** 제329-2007-000019호(2007년 11월 19일)
　　　　　제2017-000005호(2017년 11월 19일)

저작권ⓒ도서출판 등과 빛, 2022
ISBN 978-89-93647-45-7 (03230)

값 7,000원

전쟁과 종말 1

# 전쟁과 구원,
# 전쟁과 심판

김나사로 지음

도서
출판 등과 빛

# 차례

# 1. 교회에게 닥치는 가장 크고 무서운 재앙

그리스도인이 종말에 경험하게 될 가장 큰 재앙은 핵폭탄의 재앙, 독가스의 재앙, 수질 오염의 재앙, 기근의 재앙, 지진의 재앙과 같은 전쟁이나 천재지변의 재앙도, 우주 대변혁의 재앙도 아니다. 이 같은 재앙은 죄악된 이 땅에서의 십 년, 이십 년의 삶을 살지 못하게 할 뿐이지만, 거짓 그리스도와 거짓 선지자의 미혹은 그리스도인에게서 영원한 생명을 빼앗아 간다.

핵폭탄과 독가스와 수질 오염과 기근과 지진과 우주적 재앙은 예수를 믿지 않는 사람도 당할 수 있는 재앙이지만, 거짓 그리스도와 거짓 선지자의 미혹은 예수를 믿는 사람에게만 다가오는 재앙이다. 그리고 이 재앙은 그리스도인에게서 영원한 생명을 빼앗아 간다.

결국, 그리스도인에게 가장 큰 재앙은 거짓 그리스도와

거짓 선지자의 미혹이다. 그러므로 주님께서는 마태복음 24장 종말론 강화에서 거듭 세 번에 걸쳐서 거짓 그리스도와 거짓 선지자의 미혹을 경고하시고 덧붙이시기를 "나는 이미 말했다."라고 하셨던 것이다. "예수께서 대답하여 이르시되 너희가 사람의 미혹을 받지 않도록 주의하라 많은 사람이 내 이름으로 와서 이르되 나는 그리스도라 하여 많은 사람을 미혹하리라 …… 거짓 선지자가 많이 일어나 많은 사람을 미혹하겠으며 …… 그때에 사람이 너희에게 말하되 보라 그리스도가 여기 있다 혹은 저기 있다 하여도 믿지 말라 거짓 그리스도들과 거짓 선지자들이 일어나 큰 표적과 기사를 보여 할 수만 있으면 택하신 자들도 미혹하리라 보라 내가 너희에게 미리 말하였노라"(마 24:4~5, 11, 23~25).

하나님의 형상으로 창조되었던, 그래서 하나님 보시기에 좋았던 아담과 하와에게 에덴동산이 주어졌다. 그런데 그 에덴동산 안에는 아담과 하와를 복과 저주, 생명과 사망으로 인도할 수 있는 생명나무와 선악을 알게 하는 나무, 이 두 가지 나무가 동산 중앙에 있었다(창 2:9).

애굽에서 구원받은 이스라엘 백성에게 젖과 꿀이 흐르는 약속의 땅 가나안이 주어졌다. 그리고 그곳에서 그들에게 생명과 사망, 복과 저주의 두 가지 길이 주어졌다. "보라 내가 오늘 생명과 복과 사망과 화를 네 앞에 두었나니 …… 내가 오늘 하늘과 땅을 불러 너희에게 증거를 삼노라 내가 생명과 사망과 복과 저주를 네 앞에 두었은즉 너와 네 자손이 살기 위하여 생명을 택하고"(신 30:15, 19).

오늘 그리스도인들은 예수 그리스도의 십자가로 말미암은 속량으로 죄와 사망에서 구원받아 예수 그리스도의 의와 생명으로 인도되었다. 예수 그리스도의 의와 생명에 인도된 성도를 교회라고 한다.

요한계시록은 의와 생명이신 예수 그리스도의 신부 된 교회에게 두 가지 길이 주어져 있음을 경고하고 있다. 그 하나는 거룩한 성 새 예루살렘, 즉 어린양의 신부가 되어 영생의 복에 이르는 길이다. "또 내가 보매 거룩한 성 새 예루살렘이 하나님께로부터 하늘에서 내려오니 그 준비한 것이 신부가 남편을 위하여 단장한 것 같더라"(계 21:2). "일곱 대접을 가지고 마지막 일곱 재앙을 담은 일곱 천사 중 하나가 나아와서 내게 말하여 이르되 이리 오라 내가 신부 곧 어린양의 아내를 네게 보이리라 하고 성령으로 나를 데리고 크고 높은 산으로 올라가 하나님께로부터 하늘에서 내려오는 거룩한 성 예루살렘을 보이니"(계 21:9~10). 다른 하나는 큰 성 바벨론, 즉 음녀가 되어 멸망에 이르는 길이다. "또 일곱 대접을 가진 일곱 천사 중 하나가 와서 내게 말하여 이르되 이리로 오라 많은 물 위에 앉은 큰 음녀가 받을 심판을 네게 보이리라 …… 그의 이마에 이름이 기록되었으니 비밀이라, 큰 바벨론이라, 땅의 음녀들과 가증한 것들의 어미라 하였더라 …… 또 네가 본 그 여자는 땅의 왕들을 다스리는 큰 성이라 하더라"(계 17:1, 5, 18).

사도 바울은 에베소서에서 헬라인이나 유대인이나 예수 그리스도 안에서 모두가 다 하나님이 거하실 성전, 곧 처소로 지어져 가고 있다고 그의 교회론을 요약하고 있다. "너희는 사도들과 선지자들의 터 위에 세우심을 입은 자라 그리스도 예수께서 친히 모퉁잇돌이 되셨느니라 그의 안에서 건물마다 서로 연결하여 주 안에서 성전이 되어 가고 너희도 성령 안에서 하나님이 거하실 처소가 되기 위하여 그리스도 예수 안에서 함께 지어져 가느니라"(엡 2:20~22).

그렇다. 우리 그리스도인 한 사람 한 사람이 장차 완성될 (하나님이 거하실) 처소, 곧 거룩한 성 예루살렘으로 지어져 가는 (하나님께서 거하실) 성전의 구성원들이다. 그러므로 우리 한 사람 한 사람이 하나님의 말씀과 성령의 역사를 통해 거룩한 성 새 예루살렘으로 지어져 가지 않는다면, 그것은 곧 큰 성 바벨론 음녀로 지어져 가고 있음을 의미한다.

신부 된 교회를 거룩한 성 새 예루살렘으로 만들어 가는 참 말씀과 참 성령이 하나님의 인이라면, 교회를 음녀 즉 큰 성 바벨론으로 만들어 가는 다른 복음과 다른 영은 짐승의 표 즉 매매표이다.

참 복음과 참 성령은 구원받을 하나님의 참된 성도를 인치고, 다른 복음과 다른 영은 멸망할 '이름뿐인 교인들'(계 3:1)에게 표한다.

하나님께서 지으신 들짐승 중에 가장 간교했던 뱀이 아담과 하와를 미혹해서 멸망의 길로 인도하기 위해 하나님의 작정된 섭리에 의해 에덴동산 안에 있었듯이, 독초와 쑥의 뿌리가 하나님의 백성 이스라엘을 미혹해서 멸망의 길로 인도하기 위해 하나님의 작정된 섭리에 의해 약속의 땅 가나안 안에 생겨났다. "너희 중에 남자나 여자나 가족이나 지파나 오늘 그 마음이 우리 하나님 여호와를 떠나서 그 모든 민족의 신들에게 가서 섬길까 염려하며 독초와 쑥의 뿌리가 너희 중에 생겨서 이 저주의 말을 듣고도 심중에 스스로 복을 빌어 이르기를 내가 내 마음이 완악하여 젖은 것과 마른 것이 멸망할지라도 내게는 평안이 있으리라 할까 함이라"(신 29:18~19).

마찬가지로 오늘 이 땅에 존재하는 하나님의 나라인 교회 안에 하나님의 작정된 섭리 가운데서 거짓 그리스도와 거짓 선지자의 미혹이 범람하고 있다. 바로 이들이 하나님의 교회를 미혹하기 위해 다른 복음과 다른 영으로 오늘도 삼킬 자를 두루 찾아 땅에 속한 자들 즉 이 땅의 보이는 것에 소망을 둔 꿈 꾸는 자들을 그들의 매매표로 인(印) 치고 있다.

이사야 선지자는 다가오는 복의 시대를 풍부한 물의 시대로 예언했다. "너희가 기쁨으로 구원의 우물들에서 물을 길으리로다"(사 12:3). "그때에 저는 자는 사슴같이 뛸 것이며 말 못 하는 자의 혀는 노래하리니 이는 광야에서 물이 솟겠고 사막에서 시내가 흐를 것임이라"(사 35:6). "장차 들짐승 곧 승냥이와 타조도 나를 존경할 것은 내가 광야에 물을, 사막에 강들을 내어 내 백성, 내가 택한 자에게 마시게 할 것임이라"(사 43:20). "나는 목마른 자에게 물을 주며 마른 땅에 시내가 흐르게 하며 나의 영을 네 자손에게, 나의 복을 네 후손에게 부어 주리니"(사 44:3). "오호라 너희 모든 목마른 자들아 물로 나아오라 돈 없는 자도 오라 너희는 와서 사 먹되 돈 없이, 값없이 와서 포도주와 젖을 사라"(사 55:1).

우리는 이 물의 복을 마신 사마리아 여인의 기쁨과 행복을 기억한다. 이 땅에서는 그 어디에서도 만족을 찾을 수 없었던 사마리아 여인은 배에서 솟아나는 이 생수를 통해 복음의 위대한 증인이 되는 복을 받았던 것이다(요 4:1~30).

그렇다. 이사야 선지자가 예언했던 이 물의 복은 사마리아 여인이 마셨던 배에서 솟아나는 생수였다. 이 생수는 말씀의 생수이고 성령의 생수이다. 그것은 성령도 진리(요 14:17; 16:13)이고 말씀도 진리(고후 6:7; 엡 1:13)이기 때문이다.

성령이 생수인 것처럼 말씀도 생수이다. 예수 그리스도로 말미암은 복된 시대인 오늘 교회 시대는 바로 이 말씀과 성령을 통해 지복의 정점인 영생을 향해 가는 순례 가운데 있다. 우리는 이 말씀과 성령을 통해 우리와 함께하시는 하나님의 임재를 경험한다.

그런데 이사야 선지자가 예언했던 물의 복이 오늘 우리 교회 세대 가운데서 말씀의 생수, 성령의 생수로 성취되었다면 요한계시록 8:10~11에서 예언된 물의 저주는 무엇을 말하고 있는 것이겠는가? 그것이 과연 수질 오염인가? 아니다.

구약에서 예언했던 교회 시대의 복이 예수 그리스도로 말미암아 우리에게 주어진 말씀의 생수, 성령의 생수를 마시는 복의 시대였다면, 또한 물의 저주는 다른 복음과 다른 영의 저주가 되는 것이다. 오늘 이 교회 시대에 거짓 그리스도와 거짓 선지자에 의해 여기저기 광야와 골방에까지 다른 복음과 다른 영이 만연해 있다.

말씀과 성령은 하나이다. 그러므로 하나님의 인은 말씀의 인이고, 성령의 인이다. 하나님의 구속 사역은 바로 이 말씀의 인과 성령의 인을 통해 오늘 우리 가운데 나타난다.

요한계시록은 교회 세대를 향해 복과 저주, 생명과 사망의 두 가지 길을 선포하면서 하나님의 인과 짐승의 표, 어린 양의 아내인 신부와 음녀, 거룩한 성 새 예루살렘과 큰 성 바벨론을 대비해 교회 세대의 결국을 예언하며 경고하고 있다.

하나님의 인이 성도를 하나님의 영원한 영광으로 인도하는 말씀의 인이고 성령의 인이라면, 짐승의 표는 하나님의 백성을 하나님의 영원한 영광으로 인도하지 못하는 다른 복음의 인이고 다른 영의 인이다. 다른 복음과 다른 영을 용납한 자는 예수 그리스도의 정결한 신부가 될 수 없다. 곧 거룩한 성 예루살렘으로 지어져 갈 수 없다(고후 11:2~4).

주님께서는 분명히 처자와 소유를 미워할 정도로 주님을 사랑하지 않고 자기를 부인하는 십자가를 지지 않으면, 그리고 나아가서 모든 소유를 버리기까지 주님을 따르지 않으면 결단코 주의 제자가 될 수 없다고 경고하셨다(요 14:26~27, 33).

그런데 오늘 교회 세대는 예수님보다 처자를 더 사랑하는 사람들이, 예수님보다 소유를 더 사랑하는 사람들이 "주여! 주여!" 한다는 이유로 무조건 천국을 가고 이 땅에서 문제 해결을 받고, 축복 응답을 받고, 꿈을 이룬다는 믿음 아닌 맹신에 사로잡혀 있다.

## 2. 요한계시록은 교회를 향한 영원한 복음이다

 주님께서는 교회들에게 요한계시록을 편지하시면서 당신을 다윗의 뿌리와 자손이라고 하셨다. "나 예수는 교회들을 위하여 내 사자를 보내어 이것들을 너희에게 증언하게 하였노라 나는 다윗의 뿌리요 자손이니 곧 광명한 새벽 별이라 하시더라"(계 22:16). 그러므로 예수 그리스도는 하나님께서 다윗에게 주셨던 다윗 언약의 최후의 성취이다.

 하나님께서는 당신이 거처할 손으로 지은 성전을 건축할 열망을 불태우는 다윗에게 나단 선지자를 통해 다윗 언약을 세우셨다. "여호와께서 주위의 모든 원수를 무찌르사 왕으로 궁에 평안히 살게 하신 때에 왕이 선지자 나단에게 이르되 볼지어다 나는 백향목 궁에 살거늘 하나님의 궤는 휘장 가운데에 있도다 나단이 왕께 아뢰되 여호와께서 왕과 함께 계시니 마음에 있는 모든 것을 행하소서 하니라 그 밤에 여호와의 말씀이 나단에게 임하여 이르시되 가서 내 종 다윗에게 말하기를 여호와께서 이와 같이 말씀하시되 네가 나를 위하여 내가 살 집을 건축하겠느냐 내가 이스라엘 자손을 애굽에서 인도하여 내던 날부터 오늘까지 집에 살지 아니하고 장막과 성막 안에서 다녔나니 이스라엘 자손과 더불어 다니는 모든 곳에서 내가 내 백성 이스라엘을 먹이라고 명령한 이스라엘 어느 지파들 가운데 하나에게 내가 말하기를 너희가 어찌하여 나를 위하여 백향목 집을 건축하지 아니하였느냐고 말하였느냐 그러므로 이제 내 종 다윗에게 이와 같이 말하라 만군의 여호와께서 이와 같이 말씀하시기를 내가 너를 목장 곧 양을 따르는 데에서 데려다가 내 백성 이스라엘의 주권자로 삼고 네가 가는 모든 곳에서 내가 너와 함께 있어 네 모든 원수를 네 앞에서 멸하였은즉 땅에서 위대한 자들의 이름같이 네 이름을 위대하게 만들어 주리라 내가 또 내 백성 이스라엘을 위하여 한 곳을 정하여 그를 심고 그를 거주하게 하고 다시 옮기지 못하게 하며 악한 종류로 전과 같이 그들을 해하지 못하게 하여 전에 내가 사사에게 명령하여 내 백성 이스라엘을 다스리던 때와 같지 아니하게 하고 너를 모든 원수에게서 벗어나 편히 쉬게 하리라 여호와가 또 네게 이르노니 여호와가 너를 위하여 집을 짓고 네 수한이 차서 네 조상들과 함께 누울 때에 내가 네 몸에서 날 네 씨를 네 뒤에 세워 그의 나라를 견고하게 하리라 그는 내 이름을 위하여 집을 건축할 것이요 나는 그의 나라 왕위를 영원히 견고하게 하리라 나는 그에게 아버지가 되고 그는 내게 아들이 되리니 그가 만일 죄를 범하면 내가 사람의 매와 인생의 채찍으로 징계하려니와 내가 네 앞에서 물러나게 한 사울에게서 내 은총을 빼앗은 것처럼 그에게서 빼앗지는 아니하리라 네 집과 네 나라가 내 앞에서 영원히 보전되고 네 왕위가 영원히 견고하리라 하셨다 하라 나단이 이 모든 말씀들과 이 모든 계시대로 다윗에게 말하니라"(삼하 7:1~17).

다윗 언약의 핵심은 다윗을 위해 집을 지으시는 것이다. "여호와가 너를 위하여 집을 짓고"(7). 그러면 이 집은 무엇으로 이루어지는가? 무엇으로 지어지는가? 이 집과 관련해서, 이 성전과 관련해서 사도 바울은 유대인이나 이방인이 모퉁잇돌이신 예수 그리스도 안에서 하나님께서 장차 거하실 처소로 함께 지어져 간다고 했다. "너희는 사도들과 선지자들의 터 위에 세우심을 입은 자라 그리스도 예수께서 친히 모퉁잇돌이 되셨느니라 그의 안에서 건물마다 서로 연결하여 주 안에서 성전이 되어 가고 너희도 성령 안에서 하나님이 거하실 처소가 되기 위하여 그리스도 예수 안에서 함께 지어져 가느니라"(엡 2:20~22).

그렇다. 하나님께서 다윗에게 약속하셨던 집 곧 성전은 건축 재료인 돌로 지어지는 집이 아니라, 약속의 자손인 다윗의 후손 예수 그리스도 안에서 구원받은 하나님의 백성으로 지어지는 집이다. 그러므로 사도 베드로는 구원받은 교회를 하나님의 집이라고 했던 것이다. "너희도 산 돌같이 신령한 집으로 세워지고"(벧후 2:5).

약속된 이 집은, 곧 약속된 이 성전은 거룩한 성 새 예루살렘으로 나타날 것이다. "또 내가 새 하늘과 새 땅을 보니 처음 하늘과 처음 땅이 없어졌고 바다도 다시 있지 않더라 또 내가 보매 거룩한 성 새 예루살렘이 하나님께로부터 하늘에서 내려오니 그 준비한 것이 신부가 남편을 위하여 단장한 것 같더라"(계 21:1~2).

약속된 이 집, 곧 벽돌로 지어지는 것이 아니라 사람으로 지어지는 성전은 결국 어떻게 이루어지는가? 어떻게 완성되는가? 그 '집'은 하나님께서 거하실 처소를 구성할 구원받은 사람들의 수가 채워짐으로써 완성된다.

하나님께서는 언약에 신실하신 분으로서 구원받기로 작정된 사람을 반드시 구원하실 것이다. 우리의 구원이 완성되는 그 날에 하나님께서는 다윗 언약을 종국적으로 성취하신다. 그 날에 하나님께서 영원히 거하실 처소가 완성될 때, 하나님께서는 그 백성과 함께 영원히 거하실 것이다. "내가 들으니 보좌에서 큰 음성이 나서 이르되 보라 하나님의 장막이 사람들과 함께 있으매 하나님이 그들과 함께 계시리니 그들은 하나님의 백성이 되고 하나님은 친히 그들과 함께 계셔서 모든 눈물을 그 눈에서 닦아 주시니 다시는 사망이 없고 애통하는 것이나 곡하는 것이나 아픈 것이 다시 있지 아니하리니 처음 것들이 다 지나갔음이러라"(계 21:3~4).

요한계시록은 예언서이다. "예수 그리스도의 계시라 이는 하나님이 그에게 주사 반드시 속히 일어날 일들을 그 종들에게 보이시려고 그의 천사를 그 종 요한에게 보내어 알게 하신 것이라"(계 1:1). 이 예언은 미래에 관해 미리 말하는 것 이상의 의미이다.

이 예언의 목적은 과거에 역사하신 하나님의 사역과 미래에 이루실 하나님의 사역을 근거로 당신의 백성 이스라엘을 당신의 말씀에 올바로 서도록 일깨우는 것이다. 그래서 당신의 말씀에 순종하는 백성으로 당신의 집을 이루시는 것이다. "빌라델비아 교회의 사자에게 편지하라 거룩하고 진실하사 다윗의 열쇠를 가지신 이 곧 열면 닫을 사람이 없고 닫으면 열 사람이 없는 그가 이르시되 볼지어다 내가 네 앞에 열린 문을 두었으되 능히 닫을 사람이 없으리라 내가 네 행위를 아노니 네가 작은 능력을 가지고서도 내 말을 지키며 내 이름을 배반하지 아니하였도다 …… 내가 속히 오리니 네가 가진 것을 굳게 잡아 아무도 네 면류관을 **빼앗지** 못하게 하라 이기는 자는 내 하나님 성전에 기둥이 되게 하리니 그가 결코 다시 나가지 아니하리라 내가 하나님의 이름과 하나님의 성 곧 하늘에서 내 하나님께로부터 내려오는 새 예루살렘의 이름과 나의 새 이름을 그이 위에 기록하리라 귀 있는 자는 성령이 교회들에게 하시는 말씀을 들을지어다"(계 3:7~12). 그러므로 요한계시록은 전쟁, 대기 오염, 수질 오염, 천제의 파괴, 지각의 변동과 관련 있는 것이 아니라, 당신의 백성을 올바른 신앙인으로 장성시키는 것과 관련이 있다.

요한계시록은 그림(상징) 언어를 사용하고 있다. 그 언어들은 임의적이지 않고 구약의 용어를 사용한다. 그러므로 그 상징들은 장차 일어날 전쟁, 대기 오염, 수질 오염, 천체의 파괴, 지각의 변동과 같은 사건을 예언하고 있는 것이 아니라, 성전으로 지어져 가야 할 당신의 백성에게 '말씀하심'이다.

그렇다. 요한계시록은 그림 언어를 통해서 미래의 사건을 점치고 있는 것이 아니라, 당대의 초대교회와 다가오는 교회 후세대를 향해 주님께서 말씀하시고 경고하시고 명령하시는 것이다. 그러므로 구약의 언어를 요한계시록의 그림 언어로 사용하심으로써 구약 이스라엘 백성에게 말씀하셨던 그 하나님이 신약의 교회에게 동일하게 말씀하시고, 경고하시고, 명령하시는 것이다.

삼위 하나님께서는 구약에서 선지자를 통해 말씀하셨다. "여호와께서 이르시되"(사 6:9; 렘 15:6; 겔 23:36; 암 7:8; 욘 4:4; 미 3:5; 합 1:5; 습 1:2; 슥 1:3; 말 1:2). "여호와께서 말씀하시기를"(사 1:2; 렘 2:2; 겔 11:7; 단 9:2; 호 1:2; 욜 3:8; 암 3:12; 욥 1:18; 미 4:6; 나 1:12; 습 1:4; 말 1:1).

예수 그리스도는 교회의 사자에게 편지하셨고 그 편지는 성령이 교회들에게 하시는 말씀이다. "에베소 교회의 사자에게 편지하라 오른손에 있는 일곱 별을 붙잡고 일곱 금 촛대 사이를 거니시는 이가 이르시되 …… 귀 있는 자는 성령이 교회들에게 하시는 말씀을 들을지어다 이기는 그에게는 내가 하나님의 낙원에 있는 생명 나무의 열매를 주어 먹게 하리라"(계 2:1, 7). "서머나 교회의 사자에게 편지하라 처음이며 마지막이요 죽었다가 살아나신 이가 이르시되 …… 귀 있는 자는 성령이 교회들에게 하시는 말씀을 들을지어다 이기는 자는 둘째 사망의 해를 받지 아니하리라"(계 2:8, 11). "버가모 교회의 사자에게 편지하라 좌우에 날 선 검을 가지신 이가 이르시되 …… 귀 있는 자는 성령이 교회들에게 하시는 말씀을 들을지어다 이기는 그에게는 내가 감추었던 만나를 주고 또 흰 돌을 줄 터인데 그 돌 위에 새 이름을 기록한 것이 있나니 받는 자 밖에는 그 이름을 알 사람이 없느니라"(계 2:12, 17). "두아디라 교회의 사자에게 편지하라 그 눈이 불꽃 같고 그 발이 빛난 주석과 같은 하나님의 아들이 이르시되 …… 이기는 자와 끝까지 내 일을 지키는 그에게 만국을 다스리는 권세를 주리니 그가 철장을 가지고 그들을 다스려 질그릇 깨뜨리는 것과 같이 하리라 나도 내 아버지께 받은 것이 그러하니라 내가 또 그에게 새벽 별을 주리라 귀 있는 자는 성령이 교회들에게 하시는 말씀을 들을지어다"(계 2:18, 26~29). "사데 교회의 사자에게 편지하라 하나님의 일곱 영과 일곱 별을 가지신 이가 이르시되 내가 네 행위를 아노니 네가 살았다 하는 이름은 가졌으나 죽은 자로다 …… 이기는 자는 이와 같이 흰옷을 입을 것이요 내가 그 이름을 생명책에서 결코 지우지 아니하고 그 이름을 내 아버지 앞과 그의 천사들 앞에서 시인하리라 귀 있는 자는 성령이 교회들에게 하시는 말씀을 들을지어다"(계 3:1, 5~6). "빌라델비아 교회의 사자에게 편지하라 거룩하고 진실하사 다윗의 열쇠를 가지신 이 곧 열면 닫을 사람이 없고 닫으면 열 사람이 없는 그가 이르시되 …… 이기는 자는 내 하나님 성전에 기둥이 되게 하리니 그가 결코 다시 나가지 아니하리라 내가 하나님의 이름과 하나님의 성 곧 하늘에서 내 하나님께로부터 내려오는 새 예루살렘의 이름과 나의 새 이름을 그이 위에 기록하리라 귀 있는 자는 성령이 교회들에게 하시는 말씀을 들을지어다"(계 3:7, 12~13). "라오디게아 교회의 사자에게 편지하라 아멘이시요 충성되고 참된 증인이시요 하나님의 창조의 근본이신 이가 이르시되 …… 이기는 그에게는 내가 내 보좌에 함께 앉게 하여 주기를 내가 이기고 아버지 보좌에 함께 앉은 것과 같이 하리라 귀 있는 자는 성령이 교회들에게 하시는 말씀을 들을지어다"(계 3:14, 21~22).

하나님께서 선지자들을 통해 당신의 백성에게 이르신 말씀과 예수 그리스도께서 교회의 사자에게 하신 말씀, 곧 성령이 교회들에게 하신 그 말씀은 당신의 백성 이스라엘과 교회에게 심판과 회개를 촉구하신다. 이유는 하나님께서 목적하시는 '믿음의 사람'으로 '다윗의 집'을 이루시기 위해, 완성하시기 위해서이다.

구약의 하나님께서 이스라엘 백성에게 말씀하시고 명령하실 때, 우레와 번개와 지진이 동반되었다. "셋째 날 아침에 우레와 번개와 빽빽한 구름이 산 위에 있고 나팔 소리가 매우 크게 들리니 진중에 있는 모든 백성이 다 떨더라 모세가 하나님을 맞으려고 백성을 거느리고 진에서 나오매 그들이 산기슭에 서 있는데 시내산에 연기가 자욱하니 여호와께서 불 가운데서 거기 강림하심이라 그 연기가 옹기 가마 연기같이 떠오르고 온 산이 크게 진동하며 나팔 소리가 점점 커질 때에 모세가 말한즉 하나님이 음성으로 대답하시더라"(출 19:16~19). "뭇 백성이 우레와 번개와 나팔 소리와 산의 연기를 본지라 그들이 볼 때에 떨며 멀리 서서 모세에게 이르되 당신이 우리에게 말씀하소서 우리가 들으리이다 하나님이 우리에게 말씀하시지 말게 하소서 우리가 죽을까 하나이다 모세가 백성에게 이르되 두려워하지 말라 하나님이 임하심은 너희를 시험하고 너희로 경외하여 범죄하지 않게 하려 하심이니라"(출 20:18~20).

요한계시록에서 하나님께서 일곱째 인을 떼실 때도 우레와 번개와 지진이 동반된다. "천사가 향로를 가지고 제단의 불을 담아다가 땅에 쏟으매 우레와 음성과 번개와 지진이 나더라"(계 8:5). 계속해서 일곱째 나팔을 부실 때도 번개와 음성들과 우레와 지진과 큰 우박이 동반된다. "이에 하늘에 있는 하나님의 성전이 열리니 성전 안에 하나님의 언약궤가 보이며 또 번개와 음성들과 우레와 지진과 큰 우박이 있더라"(계 11:19). 그리고 마지막으로 일곱째 대접을 쏟으실 때도 천둥 소리와 번개와 지진이 동반된다. "번개와 음성들과 우렛소리가 있고 또 큰 지진이 있어 얼마나 큰지 사람이 땅에 있어 온 이래로 이같이 큰 지진이 없었더라"(계 16:18).

그러므로 '인'과 '나팔'과 '대접'의 재앙은 전쟁과 수질 오염과 대기 오염과 천체의 파괴가 일어나는 순서를 말하는 것이 아니라, 하나님께서 당신의 백성에게 거듭거듭 강조해서 심판을 경고하심이다. 회개를 촉구하심이다. 그래서 교회로 하나님을 경외하여 범죄하지 않게 하려 하심이다.

결국, 요한계시록은 미래에 일어날 세상 사건을 예언함이 아니라, 하나님의 집을 이룰 하나님의 백성을 온전한 믿음의 사람으로 세우려는 신약의 선지서이고 신약의 예언서이다. 곧 교회를 교회 되게 하시려는 '영원한 복음'이다.

# 3. 메시아가 오시는 전쟁의 날

이사야 선지자는 이스라엘을 구원하실 하나님이 이 땅에 오시는 날을 격렬한 전쟁의 날로 예언했다. "전에 고통받던 자들에게는 흑암이 없으리로다 옛적에는 여호와께서 스불론 땅과 납달리 땅이 멸시를 당하게 하셨더니 후에는 해변 길과 요단 저쪽 이방의 갈릴리를 영화롭게 하셨느니라 흑암에 행하던 백성이 큰 빛을 보고 사망의 그늘진 땅에 거주하던 자에게 빛이 비치도다 주께서 이 나라를 창성하게 하시며 그 즐거움을 더하게 하셨으므로 추수하는 즐거움과 탈취물을 나눌 때의 즐거움 같이 그들이 주 앞에서 즐거워하오니 이는 그들이 무겁게 멘 멍에와 그들의 어깨의 채찍과 그 압제자의 막대기를 주께서 꺾으시되 미디안의 날과 같이 하셨음이니이다 어지러이 싸우는 군인들의 신과 피 묻은 겉옷이 불에 섶 같이 살라지리니 이는 한 아기가 우리에게 났고

한 아들을 우리에게 주신 바 되었는데 그의 어깨에는 정사를 메었고 그의 이름은 기묘자라, 모사라, 전능하신 하나님이라, 영존하시는 아버지라, 평강의 왕이라 할 것임이라 그 정사와 평강의 더함이 무궁하며 또 다윗의 왕좌와 그의 나라에 군림하여 그 나라를 굳게 세우고 지금 이후로 영원히 정의와 공의로 그것을 보존하실 것이라 만군의 여호와의 열심이 이를 이루시리라"(사 9:1~7).

이 땅에 오신 하나님이신 예수 그리스도께서는 공생애를 시작하시면서 이사야 9:1~2 말씀을 인용하셨다. "예수께서 요한이 잡혔음을 들으시고 갈릴리로 물러가셨다가 나사렛을 떠나 스불론과 납달리 지경 해변에 있는 가버나움에 가서 사시니 이는 선지자 이사야를 통해 하신 말씀을 이루려 하심이라 일렀으되 스불론 땅과 납달리 땅과 요단강 저편 해변 길과 이방의 갈릴리여 흑암에 앉은 백성이 큰 빛을 보았고 사망의 땅과 그늘에 앉은 자들에게 빛이 비치었도다 하였느니라 이때부터 예수께서 비로소 전파하여 이르시되 회개하라 천국이 가까이 왔느니라 하시더라"(마 4:12~17).

이사야 선지자의 예언에 의하면 하나님이 이 땅에 오시는 날은 세례자 요한이 잡힌 후 나사렛을 떠나신 예수께서 잠시 공생애의 시간을 보내셨던 스불론 땅과 납달리 땅과 요단 저편의 해변 길과 이방의 갈릴리가 영화롭게 되는 날이다(사 9:1). 그 날은 사망의 땅과 그늘에 앉은 자들에게 빛이 비취는 날이다(사 9:2).

그런데 그 날은 어지럽게 싸우는 군인의 갑옷과 피 묻은 복장이 불에 섶같이 살라지는 종말적 전쟁의 날이다(사 9:5). 그 전쟁의 날에 당신의 백성에게 무겁게 메었던 멍에와 그들을 압제하던 자의 막대기가 끊어진다(사 9:4). 이와 같은 해방과 자유는 전쟁의 승리를 통해서 주어진다. 그래서 그 날은 당신의 백성이 전쟁의 전리품을 나누며 추수하는 자의 즐거움을 흠뻑 누린다(사 9:3). 그 날에 그들은 그 옛날 기드온 장군의 삼백 군사로 메뚜기 떼와 같은 미디안 군대를 섬멸시켰던(사사기 7장, 8장) 하나님의 구원을 경험하게 될 것이다(사 9:4).

그들에게 이 놀라운 기적적 승리를 안겨 주실 기드온 장군과 같은 분은 그 어깨에 정사를 메시고 전능하신 하나님으로 영존하시는 아버지로 평강의 왕으로 일컬어지실 구원자 예수 그리스도이시다(사 9:6).

이 예언을 따라 이스라엘 백성은 전쟁의 메시아를 기다렸다. 그래서 자신들을 로마의 압제로부터 구원할 메시아를 고대했다. 그러나 이 땅에 오신 하나님이신 예수 그리스도는 로마의 서슬 푸른 칼날 앞에 힘없이 십자가에 달려 죽으셨다. 그리고 메시아가 이 땅에 오신 그 날에 실제 전쟁도 전혀 없었다. 그러면 이 전쟁 예언은 어떻게 성취되는가? 이사야 선지자가 예언한 전쟁은 과연 어떤 전쟁인가?

그 날에 로마 제국의 군대를 섬멸하는 실제 전쟁은 일어나지 않았지만, 예수 그리스도께서는 십자가에서 죽으시고 사흘 만에 부활하심으로 로마 제국의 군대와는 비교도 할 수 없는 극강의 군대, 극강의 원수, 극강의 세력인 죄와 사망에서 우리를 건져 내시고 우리를 구원하셨다. "그가 우리를 흑암의 권세에서 건져 내사 그의 사랑의 아들의 나라로 옮기셨으니 그 아들 안에서 우리가 속량 곧 죄 사함을 얻었도다"(골 1:13~14).

결국, 이사야 선지자의 전쟁 예언은 실제 전쟁이 아니라 예수 그리스도로 말미암는 죄와 사망에서의 구원으로 성취되었다. 그렇다. 그 날은 로마 군대가 멸망 받는 전쟁의 날이 아니라, 로마 군대와는 비교도 할 수 없는 가장 강력한 원수인 죄와 사망이 멸절되는 날이었다. 그러므로 더더욱 요한계시록의 전쟁 예언은 중동 지방에서 발생할 실제 전쟁을 예언하고 있는 것이 아니라, 최종적인 구원의 완성, 곧 예수 그리스도로 말미암아 완성될 교회의 영화(榮化)를 예언하고 있다.

예수 그리스도께서 재림하시는 최후의 날(계 19:11~21)에 교회는 부활과 변화를 통해 죄와 사망에 대한 종국적인 승리를 쟁취하게 될 것이다. "보라 내가 너희에게 비밀을 말하노니 우리가 다 잠잘 것이 아니요 마지막 나팔에 순식간에 홀연히 다 변화되리니 나팔 소리가 나매 죽은 자들이 썩지 아니할 것으로 다시 살아나고 우리도 변화되리라 이 썩을 것이 반드시 썩지 아니할 것을 입겠고 이 죽을 것이 죽지 아니함을 입으리로다 이 썩을 것이 썩지 아니함을 입고 이 죽을 것이 죽지 아니함을 입을 때에는 사망을 삼키고 이기리라고 기록된 말씀이 이루어지리라 사망아 너의 승리가 어디 있느냐 사망아 네가 쏘는 것이 어디 있느냐 사망이 쏘는 것은 죄요 죄의 권능은 율법이라"(고전 15:51~56).

구원의 주 하나님이 오시는 날을 전쟁의 날로 예언했던 이사야 선지자 이후, 스가랴 선지자 또한 이스라엘을 구원하시기 위해 이 땅에 오시는 메시아의 날을 전쟁의 날로 예언했다. "드라빔들은 허탄한 것을 말하며 복술자는 진실하지 않은 것을 보고 거짓 꿈을 말한즉 그 위로가 헛되므로 백성들이 양같이 유리하며 목자가 없으므로 곤고를 당하나니 내가 목자들에게 노를 발하며 내가 숫염소들을 벌하리라 만군의 여호와가 그 무리 곧 유다 족속을 돌보아 그들을 전쟁의 준마와 같게 하리니 모퉁잇돌이 그에게서, 말뚝이 그에게서, 싸우는 활이 그에게서, 권세 잡은 자가 다 일제히 그에게서 나와서 싸울 때에 용사같이 거리의 진흙 중에 원수를 밟을 것이라 여호와가 그들과 함께한즉 그들이 싸워 말 탄 자들을 부끄럽게 하리라 내가 유다 족속을 견고하게 하며 요셉 족속을 구원할지라 내가 그들을 긍휼히 여김으로 그들이 돌아오게 하리니 그들은 내가 내버린 일이 없었음 같이 되리라 나는 그들의 하나님 여호와라 내가 그들에게 들으리라 에브라임이 용사 같아서 포도주를 마심같이 마음이 즐거울 것이요 그들의 자손은 보고 기뻐하며 여호와로 말미암아 마음에 즐거워하리라"(슥 10:2~7).

하나님께서는 이스라엘 백성을 구원하시려고 전쟁의 날을 준비하신다. 그 전쟁을 위해 하나님께서는 유다 족속에게서 모퉁잇돌이, 말뚝이, 싸우는 활이, 권세 잡은 자가 나오게 하신다(슥 10:4). 여기서 '모퉁잇돌'은 교회의 머리가 되실 예수 그리스도를 상징한다. '말뚝' 또한 하나님의 장막을 견고하게 떠받치는 버팀목이 되실 예수 그리스도를 상징한다. '싸우는 활' 또한 이스라엘을 구원하기 위해 원수의 세력을 섬멸하실 예수 그리스도를 상징한다. '권세 잡은 자' 또한 하늘과 땅의 모든 권세를 받고 이스라엘 나라를 영원히 통치하실 예수 그리스도를 상징한다.

그렇다. 유다에게서 이스라엘의 구원자이신 '모퉁잇돌'이, '말뚝'이, '싸우는 활'이, '권세 잡은 자'가 나아오는 날은 이사야 선지자의 예언대로 전쟁의 날에 원수의 군대를 섬멸하시고 이스라엘을 구원하시려고 이스라엘에게서 '한 아기'가 태어나는 날이다. 그 한 아기의 어깨에는 정사가 메었고, 그 아기의 이름은 기묘자요, 모사요, 전능하신 하나님이요, 영존하시는 아버지요, 평강의 왕이시다(사 9:6).

이 땅에 오시는 메시아는 이스라엘의 원수와 전쟁을 하신다. 그 전쟁의 날에 유다 족속은 견고하게 되고 요셉 족속은 구원을 받을 것이다(슥 10:6). 그 전쟁의 날에 하나님께서는 유다 족속을 전쟁의 준마와 같게 하실 것이다(슥 10:3). 그 전쟁의 날에 영원하신 하나님께서는 용사같이 나아가서 대적을 진흙같이 밟으실 것이다. 그 날에 이스라엘의 원수인 말 탄 자들은 수치를 당할 것이다(슥 10:5).

이 예언을 따라 이스라엘 백성은 예수님 탄생 당시 자신들을 로마의 압제로부터 구원해 줄 전쟁의 메시아를 기다렸다. 그러나 이 땅에 오신 메시아는 무기력하게 로마의 십자가 형틀에서 저주받은 자가 되어 운명하셨다.

전쟁의 메시아를 기다린 이스라엘 백성의 눈에 어떻게 그 나사렛 예수가 약속의 메시아가 될 수 있었겠는가. 그런 의미에서 예수님을 하나님의 아들로 고백하며 예수님에게 기억되는 이름이 되기를 소원했던 십자가 한 편의 강도야말로 비록 이 세상에서는 가장 저주받은 자였지만, 영원 전부터 영원까지 영원하신 하나님 안에서는 가장 복된 사람이 아니었겠는가. "달린 행악자 중 하나는 비방하여 이르되 네가 그리스도가 아니냐 너와 우리를 구원하라 하되 하나는 그 사람을 꾸짖어 이르되 네가 동일한 정죄를 받고서도 하나님을 두려워하지 아니하느냐 우리는 우리가 행한 일에 상당한 보응을 받는 것이니 이에 당연하거니와 이 사람이 행한 것은 옳지 않은 것이 없느니라 하고 이르되 예수여 당신의 나라에 임하실 때에 나를 기억하소서 하니 예수께서 이르시되 내가 진실로 네게 이르노니 오늘 네가 나와 함께 낙원에 있으리라 하시니라"(눅 23:39~43).

그 날에 예언된 전쟁은 일어나지 않았다. 사방에서 십자가에 달리신 예수 그리스도를 힐난하거나 그분의 죽음에 연민의 눈물을 흐느끼는 소리가 잠시 들렸지만, 그분이 운명하실 때쯤 사방은 너무나 고요했다. 사방 어디에서도 활시위를 당기는 소리 하나 없었다. 말발굽 소리 하나 들리지 않았다. 그렇다면, 선지자들이 그토록 생생하게 예언했던 격렬한 전쟁은 어떤 전쟁이란 말인가.

스가랴 선지자의 예언에 의하면, 약속의 메시아가 이 땅에 오셔서 원수의 군대를 짓밟으실 때, 가장 먼저 이스라엘 목자들에게 노를 발하실 것이라고 하셨다(슥 10:3). 그 목자들은 허탄한 것을 말하며, 진실하지 않은 것을 보고, 거짓 꿈을 말하는 복술자들이다(슥 10:2).

스가랴서에서 약속의 메시아가 원수를 짓밟으시는 날 '말 탄 자'들이 부끄러워하게 될 것이라고 했다(슥 10:5). 요한 계시록에서는 유브라데 강가를 향해 말 탄 자들이 물밀듯이 진군해 온다. "나팔 가진 여섯째 천사에게 말하기를 큰 강 유브라데에 결박한 네 천사를 놓아주라 하매 네 천사가 놓였으니 그들은 그 년 월 일 시에 이르러 사람 삼 분의 일을 죽이기로 준비된 자들이더라 마병대의 수는 이만 만이니 내가 그들의 수를 들었노라 이 같은 환상 가운데 그 말들과 그 위에 탄 자들을 보니 불빛과 자줏빛과 유황빛 호심경이 있고 또 말들의 머리는 사자 머리 같고 그 입에서는 불과 연기와 유황이 나오더라"(계 9:14~17).

이 말 탄 자들이 과연 어리석은 종말론자들의 황당한 선동처럼 중동 지방에서 발발하게 될 3차세계대전 핵전쟁의 날에 실크로드를 따라 아랍으로 진군해 올 2만만 곧 2억의 중공 군대를 말하는 것일까?

성경에서 예언된 전쟁의 날은 실제 지구상에서 발발할 세계대전의 날이 아니라. 구원의 주님이 이 땅에 오시는 날이다. 초대 교회가 예수를 믿는다는 이유 하나로 가진 재산조차도 빼앗기며 그토록 간절하게 기다렸던 재림의 주께서 이 땅에 오시는 날이다. "전날에 너희가 빛을 받은 후에 고난의 큰 싸움을 견디어 낸 것을 생각하라 혹은 비방과 환난으로써 사람에게 구경거리가 되고 혹은 이런 형편에 있는 자들과 사귀는 자가 되었으니 너희가 갇힌 자를 동정하고 너희 소유를 빼앗기는 것도 기쁘게 당한 것은 더 낫고 영구한 소유가 있는 줄 앎이라 그러므로 너희 담대함을 버리지 말라 이것이 큰 상을 얻게 하느니라 너희에게 인내가 필요함은 너희가 하나님의 뜻을 행한 후에 약속하신 것을 받기 위함이라 잠시 잠깐 후면 오실 이가 오시리니 지체하지 아니하시리라"(히 10:32~37).

주님 재림의 그 날에 하나님의 나라는 완성된다. 그 날에 우리는 완성된 구원 곧 몸의 구속, 신령한 몸의 영광 곧 죄와 사망의 전쟁에서 최후 승리에 이른다. "피조물이 고대하는 바는 하나님의 아들들이 나타나는 것이니"(롬 8:19). "그뿐 아니라 또한 우리 곧 성령의 처음 익은 열매를 받은 우리까지도 속으로 탄식하여 양자 될 것 곧 우리 몸의 속량을 기다리느니라"(롬 8:23). "하나님이 그 뜻대로 그에게 형체를 주시되 각 종자에게 그 형체를 주시느니라 육체는 다 같은 육체가 아니니 하나는 사람의 육체요 하나는 짐승의 육체요 하나는 새의 육체요 하나는 물고기의 육체라 하늘에 속한 형체도 있고 땅에 속한 형체도 있으나 하늘에 속한 것의 영광이 따로 있고 땅에 속한 것의 영광이 따로 있으니 해의 영광이 다르고 달의 영광이 다르며 별의 영광도 다른데 별과 별의 영광이 다르도다 죽은 자의 부활도 그와 같으니 썩을 것으로 심고 썩지 아니할 것으로 다시 살아나며 욕된 것으로 심고 영광스러운 것으로 다시 살아나며 약한 것으로 심고 강한 것으로 다시 살아나며 육의 몸으로 심고 신령한 몸으로 다시 살아나나니 육의 몸이 있은즉 또 영의 몸도 있느니라"(고전 15:38~44). "그는 만물을 자기에게 복종하게 하실 수 있는 자의 역사로 우리의 낮은 몸을 자기 영광의 몸의 형체와 같이 변하게 하시리라"(빌 3:21). "우리 생명이신 그리스도께서 나타나실 그때에 너희도 그와 함께 영광 중에 나타나리라"(골 3:4). "보라 내가 너희에게 비밀을 말하노니 우리가 다 잠 잘 것이 아니요 마지막 나팔에 순식간에 홀연히 다 변화되리니 나팔 소리가 나매 죽은 자들이 썩지 아니할 것으로 다시 살아나고 우리도 변화되리라 이 썩을 것이 반드시 썩지 아니할 것을 입겠고 이 죽을 것이 죽지 아니함을 입으리로다 이 썩을 것이 썩지 아니함을 입고 이 죽을 것이 죽지 아니함을 입을 때에는 사망을 삼키고 이기리라고 기록된 말씀이 이루어지리라 사망아 너의 승리가 어디 있느냐 사망아 네가 쏘는 것이 어디 있느냐"(고전 15:51~55).

# 4. 전쟁 대비책, 자기 옷을 지키라

요한계시록은 지구 멸망의 날, 곧 아마겟돈에서 벌어질 전쟁의 날을 예언하고 있다. 그런데 그 전쟁의 날을 대비하기 위해 주님께서는 믿음의 교회에게 '자기 옷을 지켜 벌거벗고 다니지 말 것'을 명령한다. "또 여섯째 천사가 그 대접을 큰 강 유브라데에 쏟으매 강물이 말라서 동방에서 오는 왕들의 길이 예비되었더라 내가 보매 개구리 같은 세 더러운 영이 용의 입과 짐승의 입과 거짓 선지자의 입에서 나오니 들은 귀신의 영이라 이적을 행하여 온 천하 왕들에게 가서 하나님 곧 전능하신 이의 큰 날에 있을 전쟁을 위하여 그들을 모으더라 보라 내가 도둑같이 오리니 누구든지 깨어 자기 옷을 지켜 벌거벗고 다니지 아니하며 자기의 부끄러움을 보이지 아니하는 자는 복이 있도다 세 영이 히브리어로 아마겟돈이라 하는 곳으로 왕들을 모으더라"(계 16:12~16).

격렬한 전쟁의 날을 경고하시면서 자기 옷을 지켜 벌거벗지 말라니 이 얼마나 황당한 전쟁 대비책인가?

요한계시록을 해석하는 계시의 은사를 받았다고 주장하며 목에 힘주는 종말론자들, 그들은 이 아마겟돈 전쟁을 지구가 불에 타서 폭발하는 날이라고 교회를 선동하는데, 그렇다면 그 날에 교회가 준비해야 할 '자기 옷'은 무엇이란 말인가? 스파이드맨의 슈트인가? 슈퍼맨의 슈트인가? 아이언맨의 슈트인가?

하나님의 말씀은 어리석은 종말론자들이 그토록 장담하는 지구 멸망의 날, 지구 폭발의 날, 지구 폭망의 날에 믿음의 교회에게 '자기 옷'을 지키라고 명령하신다. 왜? 벌거벗고 다니지 말아야 하기 때문이다. 그래서 부끄러움을 보이지 말아야 하기 때문이다(계 16:15).

결국, 아마겟돈 전쟁의 날을 경고하심은 중동 지방에서 실제로 발발할 종말의 핵전쟁을 예언하시려 함이 아니라, 벌거벗고 다니는 교회를 향해 '자기 옷'을 지키게 하려 하심이다. 그러므로 요한계시록은 몇 년 몇 월 몇 시에 일어날 종말 전쟁 사건을 예언함이 아니라, 교회를 향한 하나님의 '말씀하심' 곧 '명령하심'이다.

# 5. 요한계시록에서 하나님께서 교회에게 명령하시는 '자기 옷'은 '흰옷'이다

교회를 출석하는 믿음으로 살아난 자신들은 결단코 죽지 않고 천국 갈 것이라고 맹신했던 사데 교회는 주님께 심각한 책망과 경고의 메시지를 받았다. "사데 교회의 사자에게 편지하라 하나님의 일곱 영과 일곱 별을 가지신 이가 이르시되 내가 네 행위를 아노니 네가 살았다 하는 이름은 가졌으나 죽은 자로다 너는 일깨워 그 남은바 죽게 된 것을 굳건하게 하라 내 하나님 앞에 네 행위의 온전한 것을 찾지 못하였노니 그러므로 네가 어떻게 받았으며 어떻게 들었는지 생각하고 지켜 회개하라 만일 일깨지 아니하면 내가 도둑같이 이르리니 어느 때에 네게 이를는지 네가 알지 못하리라 그러나 사데에 그 옷을 더럽히지 아니한 자 몇 명이 네게 있어 흰옷을 입고 나와 함께 다니리니 그들은 합당한 자인 연고라 이기는 자는 이와 같이 흰옷을 입을 것이요 내가 그 이름을 생명책에서 결코 지우지 아니하고 그 이름을 내 아버지 앞과 그의 천사들 앞에서 시인하리라 귀 있는 자는 성령이 교회들에게 하시는 말씀을 들을지어다"(계 3:1~6).

사데 교회는 "주여! 주여!" 하지 않아서 책망받은 것이 아니라, 합당한 행위가 없어서 책망받았다. 그러나 사데 교회에도 주님과 동행하는 흰옷 입은 자 몇 명이 있었다(계 3:4). 곧 그들에게는 합당한 행위가 있었다. 결국, '흰옷'은 살았다 하는 이름만 가진 믿음이 아니라, '합당한 행위'가 있는 믿음이다.

비록 사데 교회는 자신들의 담임 목회자에게서 무조건적으로 사랑해 주시고, 완전하게 용서해 주시고, 언제나 함께해 주시고, 매 순간 일으켜 세워 주시고, 능력 있는 손으로 붙들어 주시고, 항상 안아 주시는 하나님을 귀가 닳도록 들어 왔지만, 그들을 책망하시는 주님은 그들이 매 주일 담임 목회자에게서 배워왔던 그 주님이 아니셨다.

주님께서는 살았다 하는 이름을 가진 사데 교회를 향해 "주여! 주여!" 하는 믿음이 없다고 책망하시는 것이 아니다. 주일 성수를 열심히 하지 않는다고, 새벽기도회에 전혀 참석하지 않는다고, 꿈이 없다고, 매사에 생각과 입술이 부정적이라고 책망하시는 것도 아니다.

사데 교회는 "주여! 주여!"는 하면서도 합당한 행위가 없었기 때문에, 곧 하나님의 뜻을 행하지 않았기 때문에 책망을 받았다(계 3:1~2). 아무리 "주여! 주여!" 해도 하나님의 뜻을 행하지 않으면 결단코 하나님의 나라에 들어갈 수 없다. 곧 구원을 받을 수 없다(마 7:21).

결론적으로 사데 교회는 자신들이 교회를 출석하며 "주여! 주여!" 하기 때문에, 담임목사의 장담을 따라 믿음으로 살아난 자, 그래서 자신들이 가진 "주여! 주여!" 하는 믿음으로 무조건 천국 갈 것으로 확신하고 있었다. 그러나 사데 교회를 구원하는 믿음은 행함과 함께 일하고 행함으로 온전해진 믿음이다. "내 형제들아 만일 사람이 믿음이 있노라 하고 행함이 없으면 무슨 유익이 있으리요 그 믿음이 능히 자기를 구원하겠느냐 …… 믿음이 그의 행함과 함께 일하고 행함으로 믿음이 온전하게 되었느니라 …… 이로 보건대 사람이 행함으로 외롭다 하심을 받고 믿음으로만은 아니니라 "(약 2:14, 22, 24).

주님께서 아마겟돈 전쟁의 날을 대비하게 하시면서 믿음의 교회에게 '자기 옷'을 지키라고 경고하심은 "주여! 주여" 하는 믿음만 가지지 말고 그 믿음을 온전하게 하고 구원에 이르게 하는 합당한 행위를 가지라는 명령이다. 그러므로 들을 귀 있는 믿음의 교회는 어리석은 종말론자들의 선동처럼 핵전쟁의 날에 구사일생으로 구석진 지하 벙크로 피신해서 목숨 부지하는 것이 아니라, 심판의 날에 합당한 행위를 가짐으로 주님 앞에서 죽은 자가 되지 말아야 한다. 그래서 잠시 잠깐의 목숨 연명이 아니라, 주님 앞에서 영원히 산 자가 되어야 한다.

# 6. 부끄러움도 모르고 벌거벗고 다니는 라오디게아 교회

자기 신앙에 도취되어 가장 잘난 척하고 있는 라오디게아 교회에게 하나님의 책망이 임했다. "라오디게아 교회의 사자에게 편지하라 아멘이시요 충성되고 참된 증인이시요 하나님의 창조의 근본이신 이가 이르시되 내가 네 행위를 아노니 네가 차지도 아니하고 뜨겁지도 아니하도다 네가 차든지 뜨겁든지 하기를 원하노라 네가 이같이 미지근하여 뜨겁지도 아니하고 차지도 아니하니 내 입에서 너를 토하여 버리리라 네가 말하기를 나는 부자라 부요하여 부족한 것이 없다 하나 네 곤고한 것과 가련한 것과 가난한 것과 눈먼 것과 벌거벗은 것을 알지 못하는도다 내가 너를 권하노니 내게서 불로 연단한 금을 사서 부요하게 하고 흰옷을 사서 입어 벌거벗은 수치를 보이지 않게 하고 안약을 사서 눈에 발라 보게 하라"(계 3:14~18).

라오디게아 교회는, 자신들은 부요하여 부족한 것이 없다고 한다(계 3:17). 그러나 주님께서는 그들의 믿음 곧 그들의 신앙을 쳐다보는 것만으로도 메스꺼워 당신의 입에서 토해 버리고 싶다고 하신다(계 3:16).

이 얼마나 큰 괴리인가. 그들은 벗은 줄도 모른다. 따라서 부끄러움도 모른다(계 3:17). 그들에게 필요한 것은 꿈을 디자인하는 것도, 긍정을 염불하는 것도 아니다. 흰옷을 사서 입는 것이다(계 3:18).

여기서 라오디게아 교회에게 필요한 '흰옷'은 사데 교회에서 보았듯이 살았다 하는 이름을 가진 교회에게 필요한 합당한 행위이다(계 3:1~2).

바로 이 옷, 곧 행위의 온전함이 믿음의 교회에게 요구되는 아마겟돈 전쟁 대비책인 '자기 옷'을 지킴이다. "또 여섯째 천사가 그 대접을 큰 강 유브라데에 쏟으매 강물이 말라서 동방에서 오는 왕들의 길이 예비되었더라 또 내가 보매 개구리 같은 세 더러운 영이 용의 입과 짐승의 입과 거짓 선지자의 입에서 나오니 그들은 귀신의 영이라 이적을 행하여 온 천하 왕들에게 가서 하나님 곧 전능하신 이의 큰 날에 있을 전쟁을 위하여 그들을 모으더라 보라 내가 도둑같이 오리니 누구든지 깨어 자기 옷을 지켜 벌거벗고 다니지 아니하며 자기의 부끄러움을 보이지 아니하는 자는 복이 있도다 세 영이 히브리어로 아마겟돈이라 하는 곳으로 왕들을 모으더라"(계 16:12~16).

# 7. 최후의 대전, 메시아가 이 땅에 임하시는 날

요한계시록이 예언하는 최후의 전쟁 날은, 미국과 소련과 중국과 EC 제국과 아랍 국가 간에 벌어지는 지구 파멸의 실제 전쟁의 날이 아니다.

이 전쟁의 날은 백마 탄 자 곧 예수 그리스도와 희고 깨끗한 세마포를 입고 예수 그리스도를 따르는 하늘 군대와 땅에서 짐승과 임금들과 그를 따르는 하수인들 간에 벌어지는 전쟁의 날이다. "또 내가 하늘이 열린 것을 보니 보라 백마와 그것을 탄 자가 있으니 그 이름은 충신과 진실이라 그가 공의로 심판하며 싸우더라 그 눈은 불꽃 같고 그 머리에는 많은 관들이 있고 또 이름 쓴 것 하나가 있으니 자기밖에 아는 자가 없고 또 그가 피 뿌린 옷을 입었는데 그 이름은 하나님의 말씀이라 칭하더라 하늘에 있는 군대들이 희고 깨끗한 세마포 옷을 입고 백마를 타고 그를 따르더라 그의 입에서 예리한 검이 나오니 그것으로 만국을 치겠고 친히 그들을 철장으로 다스리며 또 친히 하나님 곧 전능하신 이의 맹렬한 진노의 포도주 틀을 밟겠고 그 옷과 그 다리에 이름을 쓴 것이 있으니 만왕의 왕이요 만주의 주라 하였더라 또 내가 보니 한 천사가 태양 안에 서서 공중에 나는 모든 새를 향하여 큰 음성으로 외쳐 이르되 와서 하나님의 큰 잔치에 모여 왕들의 살과 장군들의 살과 장사들의 살과 말들과 그것을 탄 자들의 살과 자유인들이나 종들이나 작은 자나 큰 자나 모든 자의 살을 먹으라 하더라 또 내가 보매 그 짐승과 땅의 임금들과 그들의 군대들이 모여 그 말 탄 자와 그의 군대와 더불어 전쟁을 일으키다가 짐승이 잡히고 그 앞에서 표적을 행하던 거짓 선지자도 함께 잡혔으니 이는 짐승의 표를 받고 그의 우상에게 경배하던 자들을 표적으로 미혹하던 자라 이 둘이 산 채로 유황불 붙는 못에 던져지고 그 나머지는 말 탄 자의 입으로부터 나오는 검에 죽으매 모든 새가 그들의 살로 배불리더라"(계 19:11~21).

예언된 전쟁의 날에 백마 탄 자 곧 예수 그리스도께서 희고 깨끗한 세마포를 입은 하늘 군대를 대동하고 이 땅에 임하신다(계 19:11~14). 그 날에 그 예수 그리스도와 하늘 군대를 대적하려고 짐승과 땅의 임금들과 그들의 군대들이 출정한다(계 19:19).

여기서 땅의 임금들은 개구리 같은 세 더러운 영이 유브라데 강물이 말라서 예비된 길을 따라 불러 모은 온 천하의 왕들이다. "또 여섯째 천사가 그 대접을 큰 강 유브라데에 쏟으매 강물이 말라서 동방에서 오는 왕들의 길이 예비되었더라 또 내가 보매 개구리 같은 세 더러운 영이 용의 입과 짐승의 입과 거짓 선지자의 입에서 나오니 그들은 귀신의 영이라 이적을 행하여 온 천하 왕들에게 가서 하나님 곧 전능하신 이의 큰 날에 있을 전쟁을 위하여 그들을 모으더라"(계 16:12~14). "세 영이 히브리어로 아마겟돈이라 하는 곳으로 왕들을 모으더라"(계 16:16).

결국, 하늘에서 강림하시는 백마 탄 자를 대적하기 위해 땅에서 출정하는 임금들(계 19:19)은 최후의 전쟁을 위해 개구리 같은 세 더러운 영이 아마겟돈으로 불러 모은 왕들이다(계 19:16).

이 전쟁의 날에 짐승과 땅의 임금들과 그 군대들(계 19:19), 곧 짐승과 땅에 거하는 자들을 이적으로 미혹하던 거짓 선지자와 그 나머지(계 19:20~21)가 죽임을 당한다. 곧 심판을 받는다.

계속해서 살펴보면, 심판을 받는 짐승과 땅의 임금들과 그 군대들(계 19:19), 곧 짐승과 땅에 거하는 자들을 이적으로 미혹하던 거짓 선지자와 그 나머지(계 19:20~21)는, 요한계시록 13장에서 '바다에서 올라오는 일곱 머리 열 뿔 짐승'(계 13:1~7)과 하늘에서 불을 끌어 내리며 큰 이적을 행하는 '땅에서 올라오는 새끼 양같이 두 뿔 가진 짐승'(계 13:11~13)과 이 짐승에 의해 666 매매표를 이마와 손에 받는 '땅에 거하는 모든 자'(계 13:16~18)이다. "내가 보니 바다에서 한 짐승이 나오는데 뿔이 열이요 머리가 일곱이라 그 뿔에는 열 왕관이 있고 그 머리들에는 신성 모독하는 이름들이 있더라 내가 본 짐승은 표범과 비슷하고 그 발은 곰의 발 같고 그 입은 사자의 입 같은데 용이 자기의 능력과 보좌와 큰 권세를 그에게 주었더라 그의 머리 하나가 상하여 죽게 된 것 같더니 그 죽게 되었던 상처가 나으매 온 땅이 놀랍게 여겨 짐승을 따르고 용이 짐승에게 권세를 주므로 용에게 경배하며 짐승에게 경배하여 이르되 누가 이 짐승과 같으냐 누가 능히 이와 더불어 싸우리요 하더라 또 짐승이 과장되고 신성모독을 말하는 입을 받고 또 마흔두 달 동안 일할 권세를 받으니라 짐승이 입을 벌려 하나님을 향하여 비방하되 그의 이름과 그의 장막 곧 하늘에 사는 자들을 비방하더라 또 권세를 받아 성도들과 싸워 이기게 되고 각 족속과 백성과 방언과 나라를 다스리는 권세를 받으니"(계 13:1~7). "내가 보매 또 다른 짐승이 땅에서 올라오니 어린양같이 두 뿔이 있고 용처럼 말을 하더라 그가 먼저 나온 짐승의 모든 권세를 그 앞에서 행하고 땅과 땅에 사는 자들을 처음 짐승에게 경배하게 하니 곧 죽게 되었던 상처가 나은 자니라 큰 이적을 행하되 심지어 사람들 앞에서 불이 하늘로부터 땅에 내려오게 하고"(계 13:11~13). "그가 모든 자 곧 작은 자나 큰 자나 부자나 가난한 자나 자유인이나 종들에게 그 오른손에나 이마에 표를 받게 하고 누구든지 이 표를 가진 자 외에는 매매를 못하게 하니 이 표는 곧 짐승의 이름이나 그 이름의 수라 지혜가 여기 있으니 총명한 자는 그 짐승의 수를 세어 보라 그것은 사람의 수니 그의 수는 육백육십육이니라"(계 13:16~18).

예언된 전쟁의 날은 실제 핵전쟁이 발발하는 날이 아니라 요한계시록 13장에서 예언하고 있는 바다에서 올라 온 짐승(계 13:1~7)과 하늘에서 불을 끌어 내리며 이적으로 땅에 거하는 사람들을 미혹하던 땅의 임금들 곧 거짓 선지자(계 13:11~13; 19:19~20)와 그 나머지 병졸들(계 19:21) 곧 이마와 손에 666 짐승의 표를 받은 자들(계 13:16~18)이 심판을 받는 날이다.

또한 바로 이날은 백마 탄 자 곧 예수 그리스도께서 진노의 포도주 틀을 밟으시는 날이고 하나님의 큰 잔칫날이다. "그의 입에서 예리한 검이 나오니 그것으로 만국을 치겠고 친히 그들을 철장으로 다스리며 또 친히 하나님 곧 전능하신 이의 맹렬한 진노의 포도주 틀을 밟겠고 그 옷과 그 다리에 이름을 쓴 것이 있으니 만왕의 왕이요 만주의 주라 하였더라 또 내가 보니 한 천사가 태양 안에 서서 공중에 나는 모든 새를 향하여 큰 음성으로 외쳐 이르되 와서 하나님의 큰 잔치에 모여 왕들의 살과 장군들의 살과 장사들의 살과 말들과 그것을 탄 자들의 살과 자유인들이나 종들이나 작은 자나 큰 자나 모든 자의 살을 먹으라 하더라"(계 19:15~18).

예언된 전쟁의 날을 중동 지방에서 발발할 제3차 세계대전 혹은 지구 종말 전쟁의 날이라고 그 많은 종말론자가 오늘 이 시간까지 세계 도처에서 떠들고 있지만, 그 날은 실제 전쟁의 날이 아니다.

그 날은 여섯째 인을 뗄 때 땅의 임금들과 왕족들과 장군들과 부자들과 강한 자들과 모든 종과 자유인이 심판을 받는 날이며(계 6:15), 짐승과 땅의 임금들과 그 군대들, 곧 짐승과 거짓 선지자들과 그 나머지, 곧 일곱 머리 열 뿔 바다 짐승과 새끼 양같이 두 뿔 가진 땅 짐승과 짐승의 매매표 666을 이마와 손에 받은 땅에 거하는 모든 자, 곧 작은 자나 큰 자나 부자나 가난한 자나 자유인이나 종들이 심판을 받는 날이며(계 13:14, 16), 하나님의 큰 잔칫날에 새들의 밥이 되는 왕들과 장군들과 장사들과 말 탄 자들과 자유인들과 종들과 작은 자나 큰 자나 모든 자가 심판을 받는 날이다(계 19:18).

요한계시록은 전쟁의 메타포를 통해 이들을 향한 하나님의 심판을 경고하고 있는 것이다. 그 날에 바다에서 올라온 일곱 머리 열 뿔 짐승으로 상징된 적그리스도와 땅에서 올라온 새끼 양같이 두 뿔 가진 짐승으로 상징된 거짓 선지자와 그들을 추종했던 "주여! 주여!" 하는 모든 무리가 예수 그리스도에 의해 철저하게 심판을 받을 것이다.

다니엘서는 네 번째 짐승에서 생겨 나오는 작은 뿔에 대한 심판을 예언하고 있고, 주님께서는 거짓 그리스도와 거짓 선지자의 미혹을 받은 "주여! 주여!" 하는 사람들의 심판을 준엄하게 예언하고 있다. "이에 내가 넷째 짐승에 관하여 확실히 알고자 하였으니 곧 그것은 모든 짐승과 달라서 심히 무섭더라 그 이는 쇠요 그 발톱은 놋이니 먹고 부서뜨리고 나머지는 발로 밟았으며 또 그것의 머리에는 열 뿔이 있고 그 외에 또 다른 뿔이 나오매 세 뿔이 그 앞에서 빠졌으며 그 뿔에는 눈도 있고 큰 말을 하는 입도 있고 그 모양이 그의 동류보다 커 보이더라 내가 본즉 이 뿔이 성도들과 더불어 싸워 그들에게 이겼더니 옛적부터 항상 계신 이가 와서 지극히 높으신 이의 성도들을 위하여 원한을 풀어 주셨고 때가 이르매 성도들이 나라를 얻었더라 모신 자가 이처럼 이르되 넷째 짐승은 곧 땅의 넷째 나라인데 이는 다른 나라들과는 달라서 온 천하를 삼키고 밟아 부서뜨릴 것이며 그 열 뿔은 그 나라에서 일어날 열 왕이요 그 후에 또 하나가 일어나리니 그는 먼저 있던 자들과 다르고 또 세 왕을 복종시킬 것이며 그가 장차 지극히 높으신 이를 말로 대적하며 또 지극히 높으신 이의 성도를 괴롭게 할 것이며 그가 또 때와 법을 고치고자 할 것이며 성도들은 그의 손에 붙인 바되어 한 때와 두 때와 반 때를 지내리라 그러나 심판이 시작되면 그는 권세를 빼앗기고 완전히 멸망할 것이요 나라와 권세와 온 천하 나라들의 위세가 지극히 높으신 이의 거룩한 백성에게 붙인 바 되리니 그의 나라는 영원한 나라이라 모든 권세 있는 자들이 다 그를 섬기며 복종하리라"(단 7:19~27). "나더러 주여 주여 하는 자마다 다 천국에 들어갈 것이 아니요 다만 하늘에 계신 내 아버지의 뜻대로 행하는 자라야 들어가리라 그 날에 많은 사람이 나더러 이르되 주여 주여 우리가 주의 이름으로 선지자 노릇 하며 주의 이름으로 귀신을 쫓아내며 주의 이름으로 많은 권능을 행하지 아니하였나이까 하리니 그때에 내가 그들에게 밝히 말하되 내가 너희를 도무지 알지 못하니 불법을 행하는 자들아 내게서 떠나가라 하리라"(마 7:21~23).

예언된 전쟁의 날은 중동 지역에서 발발하게 될 실제 전쟁의 날이 아니라, 짐승 곧 작은 뿔과 주의 이름으로 선지자 노릇 하는 거짓 선지자 곧 임금들과 그를 따르는 행함이 없는 믿음을 가진 "주여! 주여!" 하는 사람들이 진노의 포도주 틀에서 밟히는 심판의 날이다.

## 8. 예언된 전쟁의 날은 하나님에 의한 구원과 심판의 날이다

이사야 선지자와 스가랴 선지자가 예언한 이스라엘의 메시아가 이 땅에 오시는 전쟁의 날은 실제 전쟁의 날이 아니라, 구약 이스라엘의 심판과 그들 가운데 남은 자의 구원과 이방인 교회의 구원으로 성취되었다.

마찬가지로 요한계시록이 예언하고 있는 지구 최후의 전쟁은 중동 지방에서 제3차 세계핵전쟁으로 성취되는 것이 아니라, 멸망의 아들과 거짓 선지자, 그리고 그들의 인도를 받았던 배도한 교회의 심판과 14만 4천으로 상징된 신실한 신앙의 이긴 자들을 구원하는 것으로 성취된다.

요한계시록에서는 하나님께서 이 땅에 오시는 날 구원받게 될 사람들과 심판받게 될 사람들이 어떤 사람들인지 예시해 놓았다.

구원받을 사람들은 하나님의 인을 받은 사람들이고 심판받을 사람들은 짐승의 표를 받은 사람들이다. 따라서 하나님의 인을 받은 사람들, 곧 짐승의 표를 받지 않은 사람들이 시온산에서 어린양과 새 노래를 부르며 천 년(상징적 수) 동안 왕 노릇 하는 복, 곧 첫째 부활에 참여하는 복을 누린다. "이 일 후에 내가 네 천사가 땅 네 모퉁이에 선 것을 보니 땅의 사방의 바람을 붙잡아 바람으로 하여금 땅에나 바다에나 각종 나무에 불지 못하게 하더라 또 보매 다른 천사가 살아 계신 하나님의 인을 가지고 해 돋는 데로부터 올라와서 땅과 바다를 해롭게 할 권세를 받은 네 천사를 향하여 큰 소리로 외쳐 이르되 우리가 우리 하나님의 종들의 이마에 인 치기까지 땅이나 바다나 나무들을 해하지 말라 하더라 내가 인 침을 받은 자의 수를 들으니 이스라엘 자손의 각 지파 중에서 인 침을 받은 자들이 십사만 사천이니"(계 7:1~4). "또 내가 보니 보라 어린양이 시온 산에 섰고 그와 함께 십사만 사천이 서 있는데 그들의 이마에는 어린양의 이름과 그 아버지의 이름을 쓴 것이 있더라 내가 하늘에서 나는 소리를 들으니 많은 물소리와도 같고 큰 우렛소리와도 같은데 내가 들은 소리는 거문고 타는 자들이 그 거문고를 타는 것 같더라 그들이 보좌 앞과 네 생물과 장로들 앞에서 새 노래를 부르니 땅에서 속량함을 받은 십사만 사천 밖에는 능히 이 노래를 배울 자가 없더라 이 사람들은 여자와 더불어 더럽히지 아니하고 순결한 자라 어린양이 어디로 인도하든지 따라가는 자며 사람 가운데에서 속량함을 받아 처음 익은 열매로 하나님과 어린양에게 속한 자들이니 그 입에 거짓말이 없고 흠이 없는 자들이더라 들으니 이스라엘 자손의 각 지파 중에서 인 침을 받은 자들이 십사만 사천이니"(계 14:1~5). "또 내가 보좌들을 보니 거기에 앉은 자들이 있어 심판하는 권세를 받았더라 또 내가 보니 예수를 증언함과 하나님의 말씀 때문에 목 베임을 당한 자들의 영혼들과 또 짐승과 그의 우상에게 경배하지 아니하고 그들의 이마와 손에 그의 표를 받지 아니한 자들이 살아서 그리스도와 더불어 천 년 동안 왕 노릇 하니 (그 나머지 죽은 자들은 그 천 년이 차기까지 살지 못하더라) 이는 첫째 부활이라 이 첫째 부활에 참여하는 자들은 복이 있고 거룩하도다 둘째 사망이 그들을 다스리는 권세가 없고 도리어 그들이 하나님과 그리스도의 제사장이 되어 천 년 동안 그리스도와 더불어 왕 노릇 하리라"(계 20:4~6).

결국, 구원받을 사람은 첫째 부활에 참여해서 새 노래를 부르게 되고 그리스도로 더불어 천 년(상징적 수) 동안 왕 노릇 하게 된다. 이들의 수가 14만 4천(상징적 수) 명이다.

첫째 부활에 참여하는 복과 둘째 사망의 권세로부터 자유로워지는 복과 천 년 동안 그리스도와 함께 왕 노릇 하는 복은 동일한 복의 또 다른 표현이다. "이 첫째 부활에 참여하는 자들은 복이 있고 거룩하도다 둘째 사망이 그들을 다스리는 권세가 없고 도리어 그들이 하나님과 그리스도의 제사장이 되어 천 년 동안 그리스도와 더불어 왕 노릇 하리라"(계 20:6). 여기서 둘째 사망의 권세로부터 자유로워진다는 것은 둘째 사망의 해를 받지 않는다는 것이다. 둘째 사망의 해를 받지 않는 축복은 서머나 교회에서 죽도록 충성한 신앙의 이긴 자들에게 약속된 생명의 면류관이다. "서머나 교회의 사자에게 편지하라 처음이며 마지막이요 죽었다가 살아나신 이가 이르시되 내가 네 환난과 궁핍을 알거니와 실상은 네가 부요한 자니라 자칭 유대인이라 하는 자들의 비방도 알거니와 실상은 유대인이 아니요 사탄의 회당이라 너는 장차 받을 고난을 두려워하지 말라 볼지어다 마귀가 장차 너희 가운데에서 몇 사람을 옥에 던져 시험을 받게 하리니 너희가 십 일 동안 환난을 받으리라 네가 죽도록 충성하라 그리하면 내가 생명의 관을 네게 주리라 귀 있는 자는 성령이 교회들에게 하시는 말씀을 들을지어다 이기는 자는 둘째 사망의 해를 받지 아니하리라"(계 2:8~11).

결국, 신실한 14만 4천의 신앙의 이긴 자들에게 약속된 복은 둘째 사망의 해를 받지 않는 '생명의 관' 곧 '영생의 복'

이다. 이 영생의 복은 예수 그리스도의 재림과 함께 신실한 교회에게 주어질 종말론적 축복이다. 그러므로 그리스도와 더불어 천 년 동안 왕 노릇 하는 축복은 초대교회 때부터 재림 때까지 예배당에 출석한 모든 세대의 교회가 누리는 영적 부활의 복이 아니다.

심판받을 사람들, 곧 짐승의 표를 받은 사람들은 구원받을 사람들처럼 상징적 수로 표현되지 않고 땅에 거하는 자들이라고(계 13:14)만 표현된 반면에, 구원받을 사람들 곧 하나님의 인을 맞을 사람들을 수로 상징한 것은 구원받을 사람들의 수가 실제 14만 4천임을 말하는 것이 아니라, 구원받을 사람들이 하나님 안에서 작정되어 있으며 또한 구원받기로 작정된 사람들을 하나님께서 결단코 구원할 것임을 강조하시기 위함이다. "나를 보내신 이의 뜻은 내게 주신 자 중에 내가 하나도 잃어버리지 아니하고 마지막 날에 다시 살리는 이것이니라"(요 6:39). "이방인들이 듣고 기뻐하여 하나님의 말씀을 찬송하며 영생을 주시기로 작정된 자는 다 믿더라"(행 13:48).

나아가서 구원받을 사람들의 수가 채워지면 하나님께서 거하실 영원한 성전이 완성될 것임을 확증하시려 함이다. "주 여호와께서 이같이 이르시되 보라 내가 한 돌을 시온에 두어 기초를 삼았노니 곧 시험한 돌이요 귀하고 견고한 기촛돌이라 그것을 믿는 이는 다급하게 되지 아니하리로다"(사 28:16). "너희는 사도들과 선지자들의 터 위에 세우심을 입은 자라 그리스도 예수께서 친히 모퉁잇돌이 되셨느니라 그의 안에서 건물마다 서로 연결하여 주 안에서 성전이 되어 가고 너희도 성령 안에서 하나님이 거하실 처소가 되기 위하여 그리스도 예수 안에서 함께 지어져 가느니라"(엡 2:20~22). "또 내가 새 하늘과 새 땅을 보니 처음 하늘과 처음 땅이 없어졌고 바다도 다시 있지 않더라 또 내가 보매 거룩한 성 새 예루살렘이 하나님께로부터 하늘에서 내려오니 그 준비한 것이 신부가 남편을 위하여 단장한 것 같더라"(계 21:1~2). "또 내게 말씀하시되 이루었도다 나는 알파와 오메가요 처음과 마지막이라 내가 생명수 샘물을 목마른 자에게 값없이 주리니 이기는 자는 이것들을 상속으로 받으리라 나는 그의 하나님이 되고 그는 내 아들이 되리라"(계 21:6~7). "그 성은 네모가 반듯하여 길이와 너비가 같은지라 그 갈대 자로 그 성을 측량하니 만 이천 스다디온이요 길이와 너비와 높이가 같더라 그 성곽을 측량하매 백사십사 규빗이니 사람의 측량 곧 천사의 측량이라"(계 21:16~17).

여기서 거룩한 성 새 예루살렘의 길이와 너비의 치수인 12,000 스다디온에 이스라엘의 12지파의 12를 곱하면

144,000이 나오고, 성곽의 치수인 144 규빗에 땅의 만수인 1,000을 곱하면 144,000이 나온다. 결국, 거룩한 성 새 예루살렘은 시온산에서 어린양과 함께 새 노래를 부르는 144,000의 이긴자로 지어진 하나님의 집, 하나님의 성전이다.

## 9. 심판받을 사람들, 곧 짐승의 표를 받을 사람들은 누구인가

요한계시록은 하나님께서 이 땅에 오시는 날, 곧 어린양의 진노의 큰 날에 심판받을 사람들을 다음과 같이 예시한다. "내가 보니 여섯째 인을 떼실 때에 큰 지진이 나며 해가 검은 털로 짠 상복같이 검어지고 달은 온통 피같이 되며 하늘의 별들이 무화과나무가 대풍에 흔들려 설익은 열매가 떨어지는 것같이 땅에 떨어지며 하늘은 두루마리가 말리는 것같이 떠나가고 각 산과 섬이 제 자리에서 옮겨지매 땅의 임금들과 왕족들과 장군들과 부자들과 강한 자들과 모든 종과 자유인이 굴과 산들의 바위틈에 숨어 산들과 바위에게 말하되 우리 위에 떨어져 보좌에 앉으신 이의 얼굴에서와 그 어린양의 진노에서 우리를 가리라 그들의 진노의 큰 날이 이르렀으니 누가 능히 서리요 하더라"(계 6:12~17).

해가 빛을 잃고 달이 피같이 붉어지는 날, 하늘은 종이 축이 말림같이 떠나간다. 그 날에 지진이 얼마나 격렬한지 산과 섬이 제자리에서 옮겨진다. 하늘의 별들이 땅으로 떨어진다. 그렇다면 그 날에 심판받을 자들에게 피할 굴과 산과 바위틈이 있을 수 있을까? 저 우주의 별이 이 지구로 하나만 떨어져도 지구는 남아나지 않을 것인데, 그 날에 저 우주의 별들이 지구로 설익은 열매가 떨어지듯 한다고 하지 않는가. 결국, 격렬한 이 종말적 재앙의 날은 임금들과 왕족들과 장군들과 부자들과 강한 자들과 각 종과 자주자를 향한 하나님의 심판의 격렬함을 상징한다. 그렇다. 그 날에 그들은 철저하게 심판받을 것이다. 임금들과 왕족들과 장군들과 부자들과 강한 자들과 각 종과 자주자들! 그들은 과연 누구를 상징하고 있는가?

계속해서 요한계시록은 시한부종말론자들이 지구 최후 전쟁의 날이라고 그토록 요란하게 설파하는 아마겟돈 전쟁의 날에 물이 마른 유브라데 강가를 따라 개구리 같은 세 더러운 영이 불러 모은 천하 임금들의 군대와 하늘에서 백마 타고 내려오시는 예수 그리스도와 그를 따르는 희고 깨끗한 세마포를 입은 하늘 군대가 최후의 결전을 앞두고 있을 때, 앞서 어린양의 진노의 큰 날에 굴과 산과 바위틈에 숨어 전전긍긍하는 사람들을 향해 다음과 같이 최후의 심판을 선고하고 있다. "또 내가 보니 한 천사가 태양 안에 서서 공중에 나는 모든 새를 향하여 큰 음성으로 외쳐 이르되 와서 하나님의 큰 잔치에 모여 왕들의 살과 장군들의 살과 장사들의 살과 말들과 그것을 탄 자들의 살과 자유인들이나 종들이나 작은 자나 큰 자나 모든 자의 살을 먹으라 하더라"(계 19:17~18) "또 내가 보매 그 짐승과 땅의 임금들과 그들의 군대들이 모여 그 말 탄 자와 그의 군대와 더불어 전쟁을 일으키다가 짐승이 잡히고 그 앞에서 표적을 행하던 거짓 선지자도 함께 잡혔으니 이는 짐승의 표를 받고 그의 우상에게 경배하던 자들을 표적으로 미혹하던 자라 이 둘이 산 채로 유황불 붙는 못에 던져지고 그 나머지는 말 탄 자의 입으로부터 나오는 검에 죽으매 모든 새가 그들의 살로 배불리더라"(계 19:19~21).

그렇다. 하나님께서는 여섯째 인을 떼는 환상에서는 우주파괴의 메타포를 통해 땅의 임금들과 왕족들과 장군들과 부자들과 강한 자들과 모든 종과 자유인이 받게 될 심판을 선고하고 있고, 여섯째 대접이 쏟아지는 환상에서는 아마겟돈이라는 종말적 전쟁의 메타포를 통해 땅의 임금들과 왕족들과 장군들과 부자들과 강한 자들과 모든 종과 자유인이 받게 될 심판을 선고하고 있다.

아마겟돈 전쟁은 중동 지방에서 발발할 실제 핵전쟁이 아니다. 전쟁의 메타포를 통해 도끼가 나무뿌리에 놓였으니 열매 맺지 않는 나무마다 찍혀 불에 던져져 불사름이 될 것을 경고하고 있는 것이다. 그래서 자기 옷을 지키지 못하고 벌거벗고 다니는 교회를 향해 회개에 합당한 열매 곧 믿음과 함께 있고 믿음을 온전하게 하는 행함을 명령하며, 행함이 없는 믿음은 결단코 구원받을 수 없음을 경고하고 있다. "요한이 많은 바리새인들과 사두개인들이 세례 베푸는 데로 오는 것을 보고 이르되 독사의 자식들아 누가 너희를 가르쳐 임박한 진노를 피하라 하더냐 그러므로 회개에 합당한 열매를 맺고 속으로 아브라함이 우리 조상이라고 생각하지 말라 내가 너희에게 이르노니 하나님이 능히 이 돌들로도 아브라함의 자손이 되게 하시리라 이미 도끼가 나무뿌리에 놓였으니 좋은 열매를 맺지 아니하는 나무마다 찍혀 불에 던져지리라"(마 3:7~10). "내 형제들아 만일 사람이 믿음이 있노라 하고 행함이 없으면 무슨 유익이 있으리요 그 믿음이 능히 자기를 구원하겠느냐 …… 네가 보거니와 믿음이 그의 행함과 함께 일하고 행함으로 믿음이 온전하게 되었느니라"(약 2:14, 22).

종합해 보면, 종말적 우주 파괴의 날에 어린양의 낯을 피해 굴과 산과 바위틈에 숨어 살려 달라고 아우성치는 땅의 임금들과 왕족들과 장군들과 부자들과 강한 자들과 모든 종과 자유인(계 6:12~17)은 종말적 전쟁의 날에 어린양의 하늘 군대에 의해 처참하게 패배하게 될 짐승과 땅의 임금들과 그 군대들(계 19:19), 곧 짐승과 이적을 행하던 거짓 선지자와 짐승의 표로 미혹 받은 땅에 거하는 자들(계 19:20)이다. 이들이 바로 공중의 새들의 먹이가 될 왕들 장군들 장사들 말 탄 자들, 자유인들, 종들, 작은 자나 큰 자나 모든 자들(계 19:18)이다.

계속해서 살펴보면, 종말적 우주 파괴의 날에 곧 종말적 전쟁의 날에 곧 어린양이신 예수 그리스도의 심판의 날에 그들의 시체가 새의 밥이 되는 짐승과 땅의 임금들과 그 군대들(계 19:19), 곧 짐승과 이적을 행하던 거짓 선지자와 짐승의 표에 미혹된 땅에 거하는 자들(계 19:20), 곧 왕들 장군들 장사들 말 탄 자들, 자유인들, 종들, 작은 자나 큰 자나 모든 자들(계 19:18)은 요한계시록 13장에서 바다에서 올라오는 일곱 머리 열 뿔의 짐승(계 13:1~10)과 땅에서 올라오는 새끼 양같이 두 뿔 가진 짐승(계 13:11)의 미혹으로 짐승의 표를 받는 모든 자 이다. "그가 모든 자 곧 작은 자나 큰 자나 부자나 가난한 자나 자유인이나 종들에게 그 오른손에나 이마에 표를 받게 하고"(계 13:16).

결국, 짐승과 땅의 임금들 곧 거짓 선지자와 멸망의 표를 받고 새의 먹이가 되는 모든 자 곧 짐승과 땅의 임금들 곧 거짓 선지자들과 그들을 따르는 군대는, 주님께서 그토록 경고하셨던 하나님의 나라에 들어가지 못하고 주님으로부터 외면받게 될 거짓 그리스도와 거짓 선지자와 그들을 하나님의 종이라고 어리석게 추종하고 따라다닌 "주여! 주여!" 하는 자들이다(마 24:4~5; 24:11; 24:24~5; 7:21~23).

## 10. 무저갱이 열리고 황충 떼가 출현한다

다섯째 천사가 나팔을 불 때, 무저갱이 열리고 그 구멍에서 연기와 함께 황충 떼가 출몰한다. "다섯째 천사가 나팔을 불매 내가 보니 하늘에서 땅에 떨어진 별 하나가 있는데 그가 무저갱의 열쇠를 받았더라 그가 무저갱을 여니 그 구멍에서 큰 화덕의 연기 같은 연기가 올라오매 해와 공기가 그 구멍의 연기로 말미암아 어두워지며 또 황충이 연기 가운데로부터 땅 위에 나오매 그들이 땅에 있는 전갈의 권세와 같은 권세를 받았더라"(계 9:1~3).

이 '황충'은 어떤 존재들인가? 오래전 하나님께서는 범죄한 남유다 백성을 당신의 징벌의 도구인 바벨론의 손에 붙이셨다. 그 결과 하나님의 거룩한 성전이 있던 예루살렘은 폐허더미가 되었고 사지 육신이 온전한 예루살렘 주민은 한 명도 빠짐없이 이역만리 바벨론으로 포로로 잡혀가서 포로

수용지 '델아빕'에 집단 수용되었다. "그 조상들의 하나님 여호와께서 그의 백성과 그 거하시는 곳을 아끼사 부지런히 그의 사신들을 그 백성에게 보내어 이르셨으나 그의 백성이 하나님의 사신들을 비웃고 그의 말씀을 멸시하며 그의 선지자를 욕하여 여호와의 진노를 그의 백성에게 미치게 하여 회복할 수 없게 하였으므로 하나님이 갈대아 왕의 손에 그들을 다 넘기시매 그가 와서 그들의 성전에서 칼로 청년들을 죽이며 청년 남녀와 노인과 병약한 사람을 긍휼히 여기지 아니하였으며 또 하나님의 전의 대소 그릇들과 여호와의 전의 보물과 왕과 방백들의 보물을 다 바벨론으로 가져가고 또 하나님의 전을 불사르며 예루살렘 성벽을 헐며 그들의 모든 궁실을 불사르며 그들의 모든 귀한 그릇들을 부수고 칼에서 살아남은 자를 그가 바벨론으로 사로잡아 가매 무리가 거기서 갈대아 왕과 그의 자손의 노예가 되어 바사국이 통치할 때까지 이르니라 이에 토지가 황폐하여 땅이 안식년을 누림같이 안식하여 칠십 년을 지냈으니 여호와께서 예레미야의 입으로 하신 말씀이 이루어졌더라"(대하 36:15~21).

포로로 잡혀 온 예루살렘 거민은 포로수용지에서 예루살렘 성전을 그리워하며 고향 땅으로 돌아가기를 학수고대했다. 그들의 간절한 열망은 기도 성회로 집약되었고 그 기도

모임에서 그들은 자신들의 죄를 회개하며, 어떻게 하든지 그들의 사랑 많으신 하나님의 마음을 움직여, 하나님께서 자신들에게 자비를 베푸시고 하루빨리 원수 바벨론을 멸망시키셔서 자신들을 고향 땅 예루살렘으로 돌려보내 주실 것을 눈물로 하소연했다. 절규하며 기도했다.

이때 예레미야 선지자는 하나님의 징벌의 도구인 바벨론에 의해 포로 되어 간 남유다 백성을 향해 편지하기를 하나님께서 그들을 징계하기로 작정하신 70년의 시간이 채워져야만 그들이 고국 땅으로 돌아올 수 있으니 포로로 잡혀간 당대의 범죄한 세대는 예루살렘 귀한의 꿈을 접고, 예루살렘 귀한의 꿈을 디자인하지 말고, 그곳에서 자손을 낳고 죽음을 맞이하라고 하셨다. 그래서 그들의 기도 열정에 찬물을 끼얹었으며 오히려 그들을 포로로 잡아 온 원수 바벨론의 평안을 위해서 기도하라고 했다. 그야말로 포로민들의 기대와 포로민들의 기도 제목과는 전면 배치되는 기도 제목을 명령했던 것이다. "선지자 예레미야가 예루살렘에서 이같은 편지를 느부갓네살이 예루살렘에서 바벨론으로 끌고 간 포로 중 남아 있는 장로들과 제사장들과 선지자들과 모든 백성에게 보냈는데 그때는 여고니야 왕과 왕후와 궁중 내시들과 유다와 예루살렘의 고관들과 기능공과 토공들이 예루살렘에서 떠난 후라 유다의 왕 시드기야가 바벨론으로 보내어 바벨론의 왕 느부갓네살에게로 가게 한 사반의 아들 엘라사와 힐기야의 아들 그마랴 편으로 말하되 만군의 여호와 이스라엘의 하나님께서 예루살렘에서 바벨론으로 사로잡혀 가게 한 모든 포로에게 이와 같이 말씀하시니라 너희는 집을 짓고 거기에 살며 텃밭을 만들고 그 열매를 먹으라 아내를 맞이하여 자녀를 낳으며 너희 아들이 아내를 맞이하며 너희 딸이 남편을 맞아 그들로 자녀를 낳게 하여 너희가 거기에서 번성하고 줄어들지 아니하게 하라 너희는 내가 사로잡혀 가게 한 그 성읍의 평안을 구하고 그를 위하여 여호와께 기도하라 이는 그 성읍이 평안함으로 너희도 평안할 것임이라 만군의 여호와 이스라엘의 하나님께서 이와 같이 말씀하시니라 너희 중에 있는 선지자들에게와 점쟁이에게 미혹되지 말며 너희가 꾼 꿈도 곧이듣고 믿지 말라 내가 그들을 보내지 아니하였어도 그들이 내 이름으로 거짓을 예언함이라 여호와의 말씀이니라 여호와께서 이와 같이 말씀하시니라 바벨론에서 칠십 년이 차면 내가 너희를 돌보고 나의 선한 말을 너희에게 성취하여 너희를 이곳으로 돌아오게 하리라"(렘 29:1~10).

그런데도 예루살렘 거민과 함께 포로로 잡혀간 모든 종교 지도자들은 하나님의 기도 명령과는 정면 배치되는 기도 소원과 기도 제목에 함몰된 포로민들의 욕망에 아부하며, 예루살렘 귀한의 꿈을 가진 자는 망하지 않는다면서, 예루살렘 귀한의 꿈을 디자인하며 열심히 회개하고 기도하면 사랑 많고 능력 많으신 하나님께서 빠른 시일 안에 반드시 예루살렘 귀한의 응답을 주신다고 힘주어 예언했다.

　에스겔 선지자는 하나님께서 작정하신 징벌의 년 수, 곧 예레미야 선지자가 예언한 70년의 시간이 채워져야만 예루살렘으로 귀환할 수 있는 포로민들을 향해 "아니다. 열심히 기도하고 하나님께 부르짖으면 한 달 안에, 일 년 안에, 이 년 안에, 삼 년 안에 예루살렘으로 돌아갈 수 있다."라고 낙관적 미래를 짖어대던 평강 타령하는 거짓 선지자들을 '황무지에 있는 여우'라고 명명했다. "여호와의 말씀이 내게 임하여 이르시되 인자야 너는 이스라엘의 예언하는 선지자들에게 경고하여 예언하되 자기 마음대로 예언하는 자에게 말하기를 너희는 여호와의 말씀을 들으라 주 여호와의 말씀에 본 것이 없이 자기 심령을 따라 예언하는 어리석은 선지자에게 화가 있을진저 이스라엘아 너의 선지자들은 황무지에 있는 여우 같으니라 너희 선지자들이 성 무너진 곳에 올라가지도 아니하였으며 이스라엘 족속을 위하여 여호와의 날에 전쟁에서 견디게 하려고 성벽을 수축하지도 아니하였느니라 여호와께서 말씀하셨다고 하는 자들이 허탄한 것과 거짓된 점괘를 보며 사람들에게 그 말이 확실히 이루어지기를 바라게 하거니와 그들은 여호와가 보낸 자가 아니라 너희가 말하기는 여호와의 말씀이라 하여도 내가 말한 것이 아닌즉 어찌 허탄한 묵시를 보며 거짓된 점괘를 말한 것이 아니냐 그러므로 주 여호와께서 이같이 말씀하셨느니라 너희가 허탄한 것을 말하며 거짓된 것을 보았은즉 내가 너희를 치리라 주 여호와의 말씀이니라 그 선지자들이 허탄한 묵시를 보며 거짓 것을 점쳤으니 내 손이 그들을 쳐서 내 백성의 공회에 들어오지 못하게 하며 이스라엘 족속의 호적에도 기록되지 못하게 하며 이스라엘 땅에도 들어가지 못하게 하리니 너희가 나를 여호와인 줄 알리라 이렇게 칠 것은 그들이 내 백성을 유혹하여 평강이 없으나 평강이 있다 함이라 어떤 사람이 담을 쌓을 때에 그들이 회칠을 하는도다"(겔 13:1~10).

일찍이, 하나님께서는 에스겔 선지자를 세상 사람이 아니라 이스라엘의 종교 지도자들과 백성에게 보내면서 그들을 가리켜 '전갈'이라고 하셨다. "그가 내게 이르시되 인자야 네 발로 일어서라 내가 네게 말하리라 하시며 그가 내게 말씀하실 때에 그 영이 내게 임하사 나를 일으켜 내 발로 세우시기로 내가 그 말씀하시는 자의 소리를 들으니 내게 이르시되 인자야 내가 너를 이스라엘 자손 곧 패역한 백성, 나를 배반하는 자에게 보내노라 그들과 그 조상들이 내게 범죄하여 오늘까지 이르렀나니 이 자손은 얼굴이 뻔뻔하고 마음이 굳은 자니라 내가 너를 그들에게 보내노니 너는 그들에게 이르기를 주 여호와의 말씀이 이러하시다 하라 그들은 패역한 족속이라 그들이 듣든지 아니 듣든지 그들 가운데에 선지자가 있음을 알지니라 인자야 너는 비록 가시와 찔레와 함께 있으며 전갈 가운데에 거주할지라도 그들을 두려워하지 말고 그들의 말을 두려워하지 말지어다 그들은 패역한 족속이라도 그 말을 두려워하지 말며 그 얼굴을 무서워하지 말지어다 그들은 심히 패역한 자라 그들이 듣든지 아니 듣든지 너는 내 말로 고할지어다"(겔 2:1~7).

결국, '작은 여우'와 '전갈'은 선지자들이 전하는 하나님의 경고를 정면으로 반박하며 자기들 방식으로 설교하며 자기들 뜻대로 신앙하며 자기들 소원대로 기도하던 이스라엘의 모든 종교 지도자들과 백성들이다.

그들은 오늘날의 의미에서 하나님의 뜻을 행하지 않으면 하나님의 나라에 결단코 들어갈 수 없다는 주님의 경고(마 7:21), 모든 소유를 버리기까지 주님을 따르지 않으면 당신의 제자가 될 수 없다는 주님의 경고(눅 14:33)를 정면으로 대적하며 믿기만 믿으면 천당 가고 믿기만 믿으면 응답받고 믿기만 믿으면 꿈을 이룬다고 짖어대는 자칭 하나님의 종들이고 자칭 하나님의 백성들이다.

무저갱이 열리면서 출현한 황충 떼는 이 세상 사람들도 아니며, 세상의 군대도 아니다. 황충, 곧 그들은 이 땅을 사는 동안, 주님께서 예언한 고난의 길을 걸어가야 할 교회를 향해, 주님께서 예언한 대로 세상에서 미움을 받아야 할 교회를 향해, 허구한 날, 땅에서 잘되는 인생, 이 땅에서 칭찬받는 인생, 이 땅에서 영향력을 소유하는 인생을 짖어대는 거짓 선지자 떼거지들이다.

그들은 모두가 사도 바울이 경계한 대로 백성의 사욕에 아부하며 성공 예화, 부자 예화, 역전 예화 같은 '허탄한 이야기'를 자신들의 전 목회 사역 동안에, 퇴직금을 수령할 때까지 쉬지 않고 짖어댄다. "때가 이르리니 사람이 바른 교훈을 받지 아니하며 귀가 가려워서 자기의 사욕을 따를 스승을 많이 두고 또 그 귀를 진리에서 돌이켜 허탄한 이야기를 따르리라"(딤후 4:3~4).

그들은 모두가 하나같이 위의 것을 쳐다보고 땅의 것을 쳐다보지 말아야 할 교회를 향해, 하나님과 원수 된 이 땅의 모든 것을 사랑하지 말아야 할 교회를 향해, 이 땅의 성취와 영향력을 마음껏 소유해도 결단코 죽지 않는다고 미혹한다. 그들의 가르침은 에덴에서 하와를 미혹하던 뱀의 간계이다. 그들이 전하는 다른 복음이나 다른 영에 열광적으로 "아멘!" 하는 교회는 지금 다른 예수를 찾고 있고 다른 예수를 따르고 있다.

무저갱이 열리고 출현하는 황충 떼는 주님이 이 땅에 다시 오실 때까지 점증해서 출현할 예언된 거짓 선지자들이고, 이들의 출현과 함께 해와 공기를 어둡게 하는 무저갱에서 솟구쳐 나온 풀무의 연기는 예언된 거짓 선지자들의 미혹이다.

지금 이들은 예수 그리스도의 초림으로 창조된 새 하늘과 새 땅의 교회 시대 안에서 진리의 새 하늘을, 생명의 새 하늘을 그들이 설파하는 다른 예수와 다른 복음과 다른 영으로 미혹하며 어둡게 하고 있다. 그러나 어두워갈 때 빛이 있다. "그 날에는 빛이 없겠고 광명한 것들이 떠날 것이라 여호와께서 아시는 한 날이 있으리니 낮도 아니요 밤도 아니라 어두워 갈 때에 빛이 있으리로다 그 날에 생수가 예루살렘에서 솟아나서 절반은 동해로, 절반은 서해로 흐를 것이라 여름에도 겨울에도 그러하리라 여호와께서 천하의 왕이 되시리니 그 날에는 여호와께서 홀로 한 분이실 것이요 그의 이름이 홀로 하나이실 것이라"(슥 14:6~9).

해가 검은 상복같이 어두워지고 달이 핏빛같이 변하여 갈 때, 곧 어린양의 진노의 날, 이 땅에 재림의 주님이 다시 오시는 날, 그들은 어린양의 심판을 피하기 위해 굴과 산과 바위틈에 숨어 아우성치게 될 것이다(계 6:12~17).

# 11. 유브라데에 이만만의 마병대가 진격해 온다

여섯째 천사가 나팔을 불 때, 큰 강 유브라데에 결박되었던 네 천사가 놓이며 사람 삼 분의 일을 죽이기 위해 그 입에서 불과 연기와 유황을 내뿜으며 이만만의 말 탄 자들이 출몰한다. "여섯째 천사가 나팔을 불매 내가 들으니 하나님 앞 금 제단 네 뿔에서 한 음성이 나서 나팔 가진 여섯째 천사에게 말하기를 큰 강 유브라데에 결박한 네 천사를 놓아주라 하매 네 천사가 놓였으니 그들은 그 년 월 일 시에 이르러 사람 삼 분의 일을 죽이기로 준비된 자들이더라 마병대의 수는 이만 만이니 내가 그들의 수를 들었노라 이 같은 환상 가운데 그 말들과 그 위에 탄 자들을 보니 불빛과 자줏빛과 유황빛 호심경이 있고 또 말들의 머리는 사자 머리 같고 그 입에서는 불과 연기와 유황이 나오더라"(계 9:13~18).

한때 이 본문으로 시한부 종말론자들은 유브라데로 진격해 오는 이만만의 말 탄 자들을 중공 군대라고 떠들어댔다. 과연 이만만의 마병대, 곧 말 탄 자들은 실제 전쟁에 출정하는 실제 군대를 말하는 것인가? 그리고 그들의 입에서 나오는 불과 연기와 유황은 실체 포탄이고 총알인가?

앞서 살펴보았듯이, 스가랴 선지자가 예언했던 전쟁의 날에 이 땅에 오신 구원의 주 메시아가 유다 족속을 전쟁의 준마와 같이 무장시켜 '말 탄 자들'과 싸워 승리하신다. "내가 목자들에게 노를 발하며 내가 숫염소들을 벌하리라 만군의 여호와가 그 무리 곧 유다 족속을 돌보아 그들을 전쟁의 준마와 같게 하리니 모퉁잇돌이 그에게서, 말뚝이 그에게서, 싸우는 활이 그에게서, 권세 잡은 자가 다 일제히 그에게서 나와서 싸울 때에 용사같이 거리의 진흙 중에 원수를 밟을 것이라 여호와가 그들과 함께한즉 그들이 싸워 말 탄 자들을 부끄럽게 하리라"(슥 10:3~5). 이처럼 메시아가 진두지휘하시는 이스라엘 군대에 의해 부끄러움을 당한 말 탄 자들은 에돔의 군대인가, 모압의 군대인가, 블레셋의 군대인가, 로마의 군대인가? 아니다. 살펴본 대로 그들은 실제 군대가 아니었으며, 그 전쟁은 실제 전쟁이 아니었다.

다섯째 천사가 나팔을 불 때 출현한 황충들의 모양은 전쟁을 위해 예비된 말들과 같았다. "황충들의 모양은 전쟁을 위하여 준비한 말들 같고"(계 9:7전). 그 황충들은 비록 전장을 누비는 말들 같은 모양을 했지만, 그 황충들은 절대로 실제 곤충이 아니다.

여섯째 천사가 나팔을 불 때는 이만만의 마병대가 유브라데 전장으로 출정한다. "마병대의 수는 이만 만이니 내가 그들의 수를 들었노라 이 같은 환상 가운데 그 말들과 그 위에 탄 자들을 보니 불빛과 자줏빛과 유황빛 호심경이 있고 또 말들의 머리는 사자 머리 같고 그 입에서는 불과 연기와 유황이 나오더라"(계 9:16~17).

마지막 일곱 번째 천사가 나팔을 불 때, 일곱 천사가 하나님의 진노의 일곱 대접을 땅에 쏟는다. 여섯째 대접이 쏟아질 때 말을 탄 왕들이 군대를 이끌고 아마겟돈으로 진격한다. "또 여섯째 천사가 그 대접을 큰 강 유브라데에 쏟으매 강물이 말라서 동방에서 오는 왕들의 길이 예비되었더라 …… 세 영이 히브리어로 아마겟돈이라 하는 곳으로 왕들을 모으더라"(계 16:12, 16).

하나님의 나팔이 불릴수록, 곧 하나님의 심판이 임박해 갈수록 그 심판의 대상인 원수의 군대는 전쟁에 참여하는 말들과 같은 황충 떼에서 이만만의 마병대 곧 말들과 그 위에 탄 사람들로, 그리고 왕들의 군대로 점차 진화하고 구체화해 간다.

주님께서는 마태복음 24장 종말장 강화에서 1차세계대전, 2차세계대전, 3차세계대전을 경계하셨던 것이 아니라, 당신의 재림이 가까워올수록 교회는 점증되어 가는 거짓 그리스도와 거짓 선지자의 미혹을 경계하라고 하셨다(마 24:4~5, 11, 23~27).

황충은 전갈과 같은 꼬리에 있는 '쏘는 살'로 사람들을 해친다. "또 전갈과 같은 꼬리와 쏘는 살이 있어 그 꼬리에는 다섯 달 동안 사람들을 해하는 권세가 있더라"(계 9:10). 마병대의 말들의 입에서는 불과 연기와 유황이 나와서 사람 삼분의 일을 죽인다. "이 세 재앙 곧 자기들의 입에서 나오는 불과 연기와 유황으로 말미암아 사람 삼분의 일이 죽임을 당하니라"(계 9:18). 왕들의 군대는 용의 입과 짐승의 입과 거짓 선지자의 입에서 나오는 개구리 같은 세 더러운 영으로 인해 아마겟돈에서 몰살을 당한다. "또 내가 보매 개구리 같은 세 더러운 영이 용의 입과 짐승의 입과 거짓 선지자의 입에서 나오니 그들은 귀신의 영이라 이적을 행하여 온 천하 왕들에게 가서 하나님 곧 전능하신 이의 큰 날에 있을 전쟁을 위하여 그들을 모으더라"(계 16:13~14). "또 내가 보매 그 짐승과 땅의 임금들과 그들의 군대들이 모여 그 말 탄 자와 그의 군대와 더불어 전쟁을 일으키다가 짐승이 잡히고 그 앞에서 표적을 행하던 거짓 선지자도 함께 잡혔으니 이는 짐승의 표를 받고 그의 우상에게 경배하던 자들을 표적으로 미혹하던 자라 이 둘이 산 채로 유황불 붙는 못에 던져지고"(계 19:19~21).

황충 떼가 사용하는 쏘는 살, 마병대에서 나오는 불과 연기와 유황, 용의 입과 짐승의 입과 거짓 선지자의 입에서 나오는 세 더러운 영은 교회를 치명적으로 멸망하게 하는 거짓 그리스도와 거짓 선지자의 미혹이다. 실제 포탄과 총알은 우리에게서 잠시 잠깐의 육신의 생명을 빼앗아 가지만 미혹은 우리에게서 영원한 생명을 빼앗아 간다.

# 12. 주님의 입에서 나오는 심판의 예리한 검

아마겟돈으로 왕들이 모여 온다(계 16:16). 개구리 같은 세 더러운 영이 아마겟돈으로 불러 모은 이 왕들의 군대와 전쟁하시려고, 곧 그들을 심판하시려고 하늘에서는 백마 탄 자가 내려오신다. "또 내가 하늘이 열린 것을 보니 보라 백마와 그것을 탄 자가 있으니 그 이름은 충신과 진실이라 그가 공의로 심판하며 싸우더라 그 눈은 불꽃 같고 그 머리에는 많은 관들이 있고 또 이름 쓴 것 하나가 있으니 자기밖에 아는 자가 없고 또 그가 피 뿌린 옷을 입었는데 그 이름은 하나님의 말씀이라 칭하더라 하늘에 있는 군대들이 희고 깨끗한 세마포 옷을 입고 백마를 타고 그를 따르더라 그의 입에서 예리한 검이 나오니 그것으로 만국을 치겠고 친히 그들을 철장으로 다스리며 또 친히 하나님 곧 전능하신 이의 맹렬한 진노의 포도주 틀을 밟겠고 그 옷과 그 다리에 이름을 쓴 것이 있으니 만왕의 왕이요 만주의 주라 하였더라"(계 19:11~16). 이 전쟁의 결과는 짐승과 왕들과 그들을 따르는 그 나머지의 죽음으로 결론이 났다(계 19:17~21).

황충의 꼬리에서는 쏘는 살이 나왔고(계 9:10), 유브라데 마병대의 말들의 입에서는 불과 연기와 유황이 나왔고(계 9:17), 최후의 대전 아마겟돈 전쟁에서 악의 삼위일체 곧, 용과 짐승과 거짓 선지자의 입에서는 개구리 같은 세 더러운 영이 나왔다(계 16:13). 그리고 주님의 입에서는 원수를 섬멸하기 위해서 예리한 검이 나온다(계 19:15).

주님의 입에서 나온 이 예리한 검이 실제 검이라면 황충의 꼬리에서 나오는 쏘는 살도 실제 화살촉이고, 마병대의 말들의 입에서 나온 불과 연기와 유황은 포탄과 총알일 것이며, 악의 삼위일체 입에서 나온 개구리 같은 더러운 영도 실제 개구리 모양의 영체일 것이다. 그러나 주님의 입에서 나오는 이 예리한 검이 실제 검이 아니라면 황충의 꼬리에서 나오는 쏘는 살과 마병대의 말들의 입에서 나온 불과 연기와 유황과 악의 삼위일체 입에서 나온 개구리 같은 더러운 영은 다른 무엇인가를 상징하는 것이다.

과연 주님의 입에서 나오는 이 예리한 검이 아마겟돈 핵 전쟁의 날에 왕들의 군대가 투하하는 핵폭탄을 상대하기 위한 것인가? 아니다. 결론적으로 주님의 입에서 예리한 검이 나왔다는 것은 원수들을 하나님의 검인 말씀을 따라, 말씀에 의해 그들을 심판하실 것임을 예언함이다.

좌우에 날 선 검을 가지신 이가 버가모 교회를 책망하신다. "그의 오른손에 일곱 별이 있고 그의 입에서 좌우에 날 선 검이 나오고 그 얼굴은 해가 힘 있게 비치는 것 같더라"(계 1:16). "버가모 교회의 사자에게 편지하라 좌우에 날 선 검을 가지신 이가 이르시되"(계 2:12). "그러므로 회개하라 그리하지 아니하면 내가 네게 속히 가서 내 입의 검으로 그들과 싸우리라"(계 2:16).

주님께서 과연 버가모 교회를 실제 전쟁으로, 곧 당신의 입의 검으로 전멸시키려 하심인가? 아니다. 당신의 입의 검으로 버가모 교회를 죽이시겠다는 것은, 버가모 교회를 하나님의 말씀을 따라 하나님의 말씀에 의해 심판하시겠다는 예언이다. "나를 저버리고 내 말을 받지 아니하는 자를 심판할 이가 있으니 곧 내가 한 그 말이 마지막 날에 그를 심판하리라"(요 12:48).

요한계시록 2장과 3장에서는 초대 일곱 교회 중 무려 다섯 교회가 주님께 책망을 받고 심판을 경고 받는다. 회개에 합당한 열매를 맺지 못하는 버가모 교회를 당신의 입의 검으로 죽이시겠다고 심판을 경고하신 주님께서는 에베소 교회를 향해서는 촛대를 옮기시겠다고 경고하셨다. "그러나 너를 책망할 것이 있나니 너의 처음 사랑을 버렸느니라 그 러므로 어디서 떨어졌는지를 생각하고 회개하여 처음 행위 를 가지라 만일 그리하지 아니하고 회개하지 아니하면 내가 네게 가서 네 촛대를 그 자리에서 옮기리라"(계 2:4~5). 두 아디라 교회를 향해서는 사망으로 그들의 자녀를 죽이겠다 고 경고하셨다. "볼지어다 내가 그를 침상에 던질 터이요 또 그와 더불어 간음하는 자들도 만일 그의 행위를 회개하지 아니하면 큰 환난 가운데에 던지고 또 내가 사망으로 그의 자녀를 죽이리니 모든 교회가 나는 사람의 뜻과 마음을 살 피는 자인 줄 알지라 내가 너희 각 사람의 행위대로 갚아 주 리라"(계 2:22~23). 사데 교회를 향해서는 그들에게 도적같 이 임하시겠다고 경고하셨다. "너는 일깨어 그 남은바 죽게 된 것을 굳건하게 하라 내 하나님 앞에 네 행위의 온전한 것 을 찾지 못하였노니 그러므로 네가 어떻게 받았으며 어떻게 들었는지 생각하고 지켜 회개하라 만일 일깨지 아니하면 내 가 도둑같이 이르리니 어느 때에 네게 이를는지 네가 알지 못하리라"(계 3:2~3). 라오디게아 교회를 향해서는 당신의 입에서 토하여 내치겠다고 경고하셨다. "내가 네 행위를 아 노니 네가 차지도 아니하고 뜨겁지도 아니하도다 네가 차든 지 뜨겁든지 하기를 원하노라 네가 이같이 미지근하여 뜨겁지도 아니하고 차지도 아니하니 내 입에서 너를 토하여 버리리라"(계 3:15~16).

결국, 주님의 입에서 나오는 좌우에 날이 선 예리한 검은 전쟁 무기로 상징된 하나님의 말씀으로 당신의 원수를 심판하실 것임을 상징한다. 더불어서 황충 떼와 이만만의 마병대와 왕들의 군대는 재림의 주님께서 심판하실 대상들을 상징한다.